聴き上手が築く
成功と成長

リーダーの耳

禅聴者株式会社
代表取締役
冨ケ原 祐子

愛育出版

リーダーの耳

はじめに

私たち人間の成長は、生涯にわたる連続した人間関係の結果です。人間関係にはさまざまな形がありますが、ここで取り上げる人間関係には二種類あります。

一つは「対自分」、もう一つは「対自分以外」です。

現代は、対面やメール、電話に加えて、オンラインやSNSなど、コミュニケーションの取り方が多様化しています。このように、人間関係の築き方や維持の仕方が変化しても、人間関係の構築において核心となる部分は変わりません。

では、その核心となる部分とは何でしょうか。大きく分けて三つの要素があります。第一に自分を知り自分を高めること。第二に自分と自分以外を認識すること。第三に聴く力を持つこと。

この三つが人間関係の核心となる部分ですが、その中でも最も必要な要素は第三の聴く力を持つことです。

家族や友人といったプライベートの関係においても、会社などの組織やお客様とのビジネスの関係においても、聴く力は非常に大きな役割を果たしさまざまな効果を発揮します。

言うまでもなく、人間関係はコミュニケーションの連続です。そして、そのコミュニケーションの鍵は『聴く力』にあります。

私の肩書でもある禅聴者として、これまで経営者やミドルリーダー、さらには従業員などさまざまな立ち位置の方のお話をお聴きしてまいりました。

売上げに関するビジネスの話からプライベートのお悩みまで、多岐にわたる相談内容があります。それらを紐解き根本的な部分まで掘り下げていくと、多くの場合、「聴く」という行為が解決策や新たな方向性を見つける鍵になることが解ります。

聴く力があれば解決への道筋が見えるのに、と思える場面に遭遇することが多々あります。

これは、どのような肩書や立場の人でも、また年齢に関係なく、同じことが言えます。

私自身、聴く力が完璧に備わっているのかと問われれば、決してそうではありません。一人の人間として、完璧は存在しません。しかし、聴く力を知っているか否か、実践するか否か、振り返るか否かで結果は全く異なってくるのです。

本書に記されているすべての内容には『聴く力』の要素が深く関わっています。

「聴く」ことの効力は、対相手に限ったことではありません。対自分においても非常に重要な要素を含んでいます。自分の感情や思考に正直に向き合うことによって、真の自己認識が得られます。このプロセスは、外部とのコミュニケーションだけでなく、自分自身との対話においても「聴く」ことの大切さを示しています。

現代社会では、多岐にわたるスキルが求められています。そのすべての基盤となるのが「人間関係」です。そして、人間関係を円滑に築くためには、コミュニケーションスキルが必要となります。そのスキルに特に重要なのが『聴く力』です。

この書籍を通じて、『聴く力』の本質を理解していただき、プライベートからビジネスまでのさまざまな場面で、少しでもお役に立てていただければ望外の喜びです。

２０２４年

禅聴者　冨ケ原　祐子

目次

第1章　ビジネスの視点

聴く力がカギを握る、お客様から選ばれる関係性　12
お客様に選ばれない4つの理由　16
相手の自己理解を深める問いかけ　26
アイデアは会話から生まれる　30
変化を起こそうとすることを拒む原因　35
組織内のコミュニケーション　38
人の成長が追いついていない　43
人を育てるのが先か、出店が先か　48
問題発生場所が問題を解決できるのか　52
従業員が精神的に健康だと確信ができるか　61

子供の宿題と大人の仕事……65

第2章　自己理解の視点

今、を認識する……72
主体性をもって仕事に取り組む……75
自己成長の術……81
根拠のない一歩の積み重ね……86
9割の無意識を磨く……91
話すことと、聴くことは、表裏一体……98
まずは自己理解……107
自分自身を見つめる漢字アート……113

第3章　成長の視点

大人になってからの人間関係の在り方 …… 118
自分を知る・相手を知る・モノゴトの本質を知る …… 122
アドバイスの効果的な提供法 …… 126
従業員が成長しない理由 …… 130
思考のスイッチＯＮ …… 135
思考から変化へ …… 142
考えるだけでは実現化しない理由 …… 146

第4章　聴く力の視点

変わらぬ核心 …… 150
聴き方も多様性 …… 161
一度聴いただけで、理解ができていますか …… 165

理解と共感……168
聴く技術の前に大切なこと……175
1ON1の、その先……180
相手の話を途中で遮るのをやめる方法……184

第5章　コミュニケーションの視点

視野を広げる……194
捉え方……198
コミュニケーションの本質……202
近くにいる人ほどコミュニケーションエラー……206
相手の立場とは……212
信頼関係の構築に必要な5A……216

第1章　ビジネスの視点

聴く力が鍵を握る、お客様から選ばれる関係性

現代社会では、私たちが直面する選択肢はますます増えている一方で、他との差別化が非常に難しくなっています。同時に、人々の感情や心の動きに対する理解がますます重要視されています。このような状況の中で、お客様から選ばれるためには何が必要なのでしょうか。

お客様から選ばれない理由はさまざまですが、その中でも聴く力と関係性のある例題をいくつか挙げてみます。

○お客様の本当の不安やニーズに対して、十分に寄り添えていない。

お客様の欲求やニーズは複雑化しています。その多様性に対応するには聴く力をしっかりと備えることです。お客様が本当に求めているものを理

解して提案をしないと、お客様の期待に添うことは難しいでしょう。

○お客様が提供されるものに対して価値を感じていない。

　ビジネス然り、普段の生活においても、この価値というもので人はものごとを選びます。そして、人が感じる価値には普遍的なものと可変的なものがあります。お客様が今何に価値を感じているのか、聴く力でそれらを把握しなければ、お客様の価値があると感じるものを提供することは難しいでしょう。

○信頼度が低い。

　提供する商品に対しての信頼というのもありますが、それよりあなた自身がお客様からどれくらいの信頼があるかが重要です。日頃からお客様との信頼関係の構築はなされているのか。全くされていない場合、どんなに良い商品やサービスでも、契約に至るまでは困難な事でしょう。逆に信頼度が高ければ、競合他社が同じ商品やサービスを提供していても、あなたから買いたい、あなたにお願いしたいとお客様は思うことでしょう。

信頼関係の構築は言うまでもなく、常日頃のコミュニケーションです。コミュニケーションの真髄は聴く力なのです。

○お客様が自分自身のことを理解していない。

お客様が、自分自身のニーズや目標を明確に理解していない場合があります。このような状態だと、何を提供してもお客様はピンときません。お客様に、自分自身のことを明確に理解していただく必要があります。そのためにも聴く力の良質な質問が求められます。

良質な質問を投げかけ、聴く力を使って相手に自己認識していただくことで、ニーズや目標が明確になり、共通認識として本当に必要なものを提供できるのです。

POINT

このように、**お客様から選ばれる理由には「聴く力」が大いに関係しています。**

「聴く力」が備わっていることで、お客様との関係を深め、お客様の期待に応える価値を提供することが可能となるのです。

お客様に選ばれない4つの理由

お客様との面談や商談を重ねても、お客様とどこかかみ合わず、なかなか契約に結びつかない、あるいは十分な成果が得られないという状況は、ビジネス上では一定の課題として認識されています。

お客様とのコミュニケーションにおいて、十分な理解や共感が得られず、結果として関係が中途半端に終わってしまうことがあるかもしれません。

そのような状況になる原因は様々ですが、もしかしたら次の4つの理由のどれかが当てはまっているのかも知れません。

POINT

①お客様の本当の困りごとや不安なことからズレた提案をしている。

②お客様の価値観を理解していない。

③信頼度が低い。

④お客様自身がご自身のことを理解されていない。

それぞれ詳しくお話ししていきましょう。

①お客様の本当の困りごとや不安なことからズレた提案をしている。

言わずとも、ビジネスはお客様の困りごとや不安なことを解決することです。

どんなに素晴らしい商品でも、どんなにプレゼン力が上手でも、その観点からズレていると当然ながらお客様は契約をしようとは思いません。

ここで必要なスキルは「聴く力」です。

お客様は何に困っているのか、何に不安を抱いているのか、これらを正確に把握しなければお客様の意向に合った提案はできません。

「聴き方」でもお伝えしていることですが、お客様の表面上の言葉だけではなく裏の言葉まで引き出す必要があります。

そして、人の話は一度聴いただけでは完全に理解することが難しい場合があります。特に重要な情報や複雑な内容に関しては、何度も話を聴くことが有益です。これにより、重要なポイントを逃さず理解し、お客様の意図やニーズをより深く理解することができます。

聴く側だけでなく、話す側にとっても何度か話をすることで、本来伝えたい言葉がより明確になることがあります。

初めのうちは、想いや考えがまとまらずうまく伝えられない場合もあります。繰り返し話すことで、整理され、より的確に伝えることができるようになるのです。

「聴く力」を身に付け、お客様の真意を引き出し理解することです。

②お客様の価値観を理解していない。

「相手の立場とは」の項目でも書きましたが、価値観には二つあります。一つ目は、生きてきた中で培ってきた不変的な価値観、二つ目は、今現在感じている可変性の価値観です。

もちろんここでも、これらの価値観を知るには「聴く力」が必要です。

お客様との会話で特に必要な情報としては、二つ目の今現在感じている価値観を知ることです。

車の販売営業の方の例でお話しましょう。

20年来のお付き合いのあるお客様は、年に一度、家族全員揃って車で旅行に行くのを恒例行事とされています。その理由は、お客様は幼い頃、家庭の事情で家族旅行に行くことがなく、とても寂しい想いをした経験があるからです。

大人になったら免許を取り、車を購入して、毎年自分の運転する車で家族旅行に行くと決めていたそうです。

そのような理由から、毎回選ぶ車は、家族全員が乗ることができるミニバンを選んでいました。20年以上経った現在も、家族全員揃って車で旅行をするという恒例行事は変わっていません。

そのお客様は最近、車の買い替えをしました。その決断に至った理由は、まず車の年数が経過していたことです。そしてもう一つの理由は、お母様のお身体の状態が関係しています。お母様の足の具合が良くなく、お母様がより快適で安全に乗降できる車が必要になったのです。

このような状況の中で、お客様は同じミニバンを検討しましたが、その中でも福祉車両として設計されたミニバンを選ばれました。

この事例の中で、お客様の不変的な価値は、家族全員揃って車で旅行に行くということです。

そして可変性の価値は、福祉車両に設計されたミニバンです。

20年来ものお付き合いがあれば、多少なりともお客様のプライベートの部分のお話も聴くことがあるでしょう。

家族全員での車での旅行に対しての価値に変わりはありませんが、お客様の環境や状況の変化によって変わる価値もあります。

子供が増えることもあれば、ご両親が老いて足腰の運動機能が低下することもあるでしょう。

そういったお客様の変化を無視して、従来通りのミニバンだけを提案していたとしたら、それはお客様との信頼関係を築く上で、それ以上深くはならないでしょう。なぜなら、お客様が抱える課題や願望に真摯に向き合っていないと受け取られかねません。

このようなお客様の変化も「聴く力」で察知し、理解することが必要です。

③信頼度が低い

お客様に選ばれるには、また選ばれ続けるには、いかに信頼関係を構築するかです。

信頼関係は、まるでコップに注がれる水のようです。少しずつ、その水が増えていくたびに、関係性はますます深まっていきます。

一度にコップいっぱいに溜まることもあれば、少しずつゆっくりと溜まっていくこともあります。

これは、相手の捉え方によるからです。信頼は単に提供したサービスの量や物事の大きさによって成り立つものではありません。

例えば、時間や期限を守ることは信頼関係を築く上で重要な要素の一つです。しかし、どこに信頼という価値を置くかは人によって異なります。

ある人にとっては、時間や期限を守ることは当然の行為であり、そこに至るまでのプロセスや結果に対して価値を置く人だとしたら、単に時間や期限を守ったからといって、それだけではその人の信頼度が低くならないだけで高まるとは限りません。

いかに相手が、何に価値を置いているか知ることです。

④お客様自身がご自身のことを理解していない。

意外と落とし穴のこの視点ですが、実はよくあることなのです。
お客様自身が現在何に困っていて、何に不安を感じていて、何が必要なのか、漠然としている状態です。

この状態で、どのような提案やサービスを提供したとしても、お客様は納得をして決断をすることは難しいでしょう。

このような場合にはまず、お客様自身の状態をお客様自身に認識してもらうことです。

現状把握が明確になってからでないと、何が必要なのかも明確になりません。

「聴く力」の良質な質問で、お客様の現状把握から改善後のイメージまで、一緒に明確にしていくことが重要です。

①でもお話しましたが、お客様ご自身が考えや感情などを整理し、本質的な部分に焦点を当てることが重要です。

これらを共通認識することで、提案内容にズレが生じにくくなります。

相手の自己認識を深める問いかけ

「お客様に選ばれない4つの理由」にて、お客様が自らの状況を理解していないことが、どのような商品やサービスを提案しても契約や合意に至らない原因のひとつであるということをお伝えしました。

相手の自己認識を深める問いかけの順序は、効果的なコミュニケーションを通じて、相手が自分の状況や問題をより深く理解することを助けます。

以下に、自己認識を深めるための問いかけの具体的なステップを紹介します。

①思考のスイッチをONにする

このステップは、相手が自分自身を見つめる思考プロセスに導くための「スイッチをオン」にする段階です。多くの人は、日常生活の中で、自分の感情や思考に深く向き合う時間を持つことが少なく、状況に対して無意識に反応してしまうことがあります。そのため、まずは意図的に思考のスイッチを入れ、相手が現状や自らの内面に目を向ける準備を整える必要があります。たとえば、「最近の状況を振り返って、何が一番気になっていますか？」といった質問を投げかけることで、考えをスタートさせることができます。

②問題の見える化

次に、相手が抱える問題や感じていることを「見える化」するための質問を投げかけます。この段階では、漠然としている考えや感情を程度の大小に関わらず言葉にしてもらい、曖昧な状態から具体的な形に変えることが目標です。質問を通じて、相手は自分の頭の中で散らばっていた情報を整理し、声に出して共有することができます。さらに、紙やホワイトボードに書き出すなど、視覚的に捉えられるようにすると、全体を俯瞰して理解できるようになります。

たとえば、「具体的に、どのような部分で課題を感じていますか？」という質問が有効です。

③優先順位をつける

複雑な状況に直面している相手にとって、全ての問題が同じように見えることがよくあります。しかし、ここでは複数の問題の中でも、最も影響が大きい部分を見極め、優先順位をつけることが重要です。適切な質問を通じて、相手が自分の抱えている問題の中で何が最も重要かを明確にし、それを解決するための順序を立てることができます。

たとえば、「この中で一番重要だと感じるのはどの部分ですか？」という質問が、解決すべき順序を示すために役立ちます。

④方向性を明確にする

最後に、相手の行動を具体化し、進むべき方向を明確にするための質問を行います。この段階では、相手が今後どのような手順を踏むべきか、またどの方向に進むべきかを理解しやすくすることがポイントです。これにより、相手は目標を明確にし、次の行動に向けた計画を立てることができます。

たとえば、「この問題に対処するために、最初にどのような行動を取りますか？」という質問は、具体的なアクションプランを構築する手助けとなります。

このように、相手が自らの状況を理解し、問題を明確化し、優先順位を決め、進むべき方向を確認するためには、段階的かつ適切な問いかけが非常に重要です。それにより、相手は単に表面的な問題にとどまらず、深い自己認識を得ることができ、適切な選択や行動を取る準備が整うのです。

これらのステップは、他者に対してだけではなく、自分自身に向けても活用できます。複雑に絡み合った思考や感情を解きほぐし、潜在化されているものを探求する手助けになります。

アイデアは会話から生まれる

この言葉は、『成功者３０００人の言葉』著者上阪徹氏　三笠書房の１ページに書かれている言葉です。

私が経営者の方に話をお聴きする理由の一つがこれです。

現代の経営環境はますます複雑化しており、経営者は日々、多岐にわたる課題に直面しています。

ビジネスの継続的な成功には、常に新たな戦略やアプローチを模索し、革新的なアイデアを生み出すことが欠かせません。

しかし、孤独な思考の中でひとり悶々と考えていても、なかなか革新的なアイデアを生み出すのは容易ではありません。

そこで重要なのが、話すことです。

革新的なアイデアは、単独で生み出されるのではなく、人との交流や対話の中で生まれることがあります。

なぜ、話すことがアイデアの源泉となるのでしょうか。

それは、会話の中でさまざまな視点や意見が交わされることで、自分にはない未知の世界を感じ、新たな発想やアプローチが生まれるからです。

特に、質問に答える過程で、自らの考えを整理し、潜在的なアイデアや知識が引き出されることがあります。

まるで散らばっていたパズルのピースが一気に組み合わさり、新たな形を成すような感覚です。

しかし、ただ話すだけでは十分ではありません。あなたの話を聴く良い聴き手がいることも重要です。

良い聴き手は、相手の発言を注意深く受け止め、適切な質問を投げかけることで、相手の考えやアイデアを引き出すことができます。

POINT

孤独な思考は、一人でじっくりと考えを巡らせることで得られるメリットもありますが、その反面、限られた視点や経験によって偏ったアイデアに陥りやすい側面もあります。

自分の枠組みや思考パターンに囚われてしまい、新たな視点や発想を取り入れることは実は難しいのです。

その結果、同じようなアイデアや解決策が繰り返し生まれることがよくあります。

一方で、声に出して自らの思考を深堀することで、孤独な思考の中では開かなかった引き出しが開くことがあります。

さらには、他者とのコミュニケーションの中で生まれるアイデアは、さまざまな視点や経験が交錯することで、より多様で柔軟な形を持つのです。

自分の知らない背景や知識、また経験から得られるアイデアは自分だけでは思いつかないような斬新なものである場合があります。

議論やディスカッションを通して、自分の発想を広げることができ、新たな発見や洞察を得ることができるのです。

コミュニケーションの中でのアイデアは、新たに得るだけではなく、アイデアを形にするための助言やフィードバックを提供してくれます。

他者からの建設的な意見や批判は、自分のアイデアを深化したり、改善したりするためのきっかけになります。

このような相互作用が、より豊かで斬新なアイデアの醸成に繋がるのです。

経営者は、自らが優れた聴き手であると同時に、優れた話し手であることも求められるす。

変化を起こそうとすることを拒む原因

人も組織も変化を望み試みてはみるものの、結局変わることがなく現状維持になっている状態はよくあることではないでしょうか。

個人や企業が、長年に渡り培ってきた努力や取り組みが、現在の環境や仕組みを作っています。

これらの努力や仕組みは、多くの時間とエネルギーを積み重ねられ、組織のカルチャーや個人の習慣などに反映されています。そのため、これらの環境や仕組みは変化を起こすことが容易ではありません。

特に、これらが強い慣性を持っている場合、変化を起こすことはさらに困難です。

経営者の話を聴く中で、次のような言葉を耳にします。

「うちはこのやり方でずっと来ているから、今のままで問題はないんだ。」

「安定している状態なのだから、わざわざことを起こすようなことをする必要はない。」

「みんなそうしているから、うちもこれでいいんだ。」

新たな目標に向かって進むことは困難であり、時には危険な道になる場合もあるでしょう。

そういったことを考えると、現状維持で行こうとする考えが働くのもよくわかります。

さらに人間の心理的な視点でいえば、現状を維持したいという心理的恒常性になるのでしょう。

しかし、こういった思考によって、いつまでも最善ではない状況にいるがために、非常に残念な結果が生まれる場合があるのも現実です。

諸行無常、全てのことは常に変化します。ましてや今の時代、変化のスピードが劇的です。

いくら現状が良い状態であったとしても、十年先、五年先、一年先も同じ状態とは限りません。

POINT

もし変化や新たなチャレンジが必要なのにもかかわらず、なかなか行動が出来ないというのであれば、変化を阻む原因は何か、そこに目を向けることをお勧めします。

阻む原因を一気に除外するのは容易ではありませんが、その原因を和らげる策を見つけるのも変化に向かっての一歩になるでしょう。

組織内のコミュニケーション

経営者の方とお話をしていると、多くの場合「自社の社内コミュニケーションはしっかりと機能している。」と、即答されます。

本当にそうでしょうか?

もちろん、コミュニケーションの度合いは企業ごとに異なります。経営者が自社の社内コミュニケーションがしっかりと機能していると即答するのも理解できます。組織の規模やカルチャー、並びに業界の特性によってもコミュニケーションの在り方が異なるからです。

しかし、経営者が「自社の社内コミュニケーションはしっかりと機能している。」と主張しても、実際には従業員の実感と一致しないことが多くあります。

経営者並びに従業員と対話をする中で、深く掘り下げて聴いていくと、実際には次のような状態が多いことがあります。

①ミドルリーダーに任せっきり。

ミドルリーダーが社員とのコミュニケーションをしっかり取っているという経営者による過信。

②経営者は自分の話やすい部下としか多くのコミュニケーションを取っていない。

耳の痛い意見を言う部下に対し、苦手意識を持ち避ける傾向。

実際に企業内部まで入り、ミドルリーダーやその部下の方たちとの対話をしていくと、ミドルリーダーの心理的不安材料の大きな原因として、チーム内のコミュニケーションの課題を抱えていることが非常に多くあります。また、部下の方たちも上司とのコミュニケーションや他部署とのコミュニケーションに課題を抱えていることが浮かび上がってきます。

ある企業での事例をお話しします。従業員を一堂に集め、経営者が同席している場で第三者の私から従業員にいくつかの質問を投げかけました。その結果、普段は口に出さないような懸念や意見を次々と述べ始めたのです。

業務に関する内容はもちろんありましたが、それと同時に個々人で考えている改善すべき点や課題も多く顕在化しました。

ただ問題なのは、ミドルリーダーたちも知らなかった、部下たちが抱えている業務における課題や不安があること。また、会社のビジョンや指針が十分に伝わっていないことでした。

経営者はそれらを伝えたつもりでいたものの、実際には従業員たちには十分に理解されていなかったのです。

それらを聞いていた経営者からは、「こんなにも社員から様々な意見が出てくるとは思わなかった。」という言葉が出るのです。

それもそのはずです。なぜなら従業員はこのような思考にいるからです。「こんな意見を言って良いのだろうか。」「社長や上司はいつも忙しそうだから、話す機会がつかめない。」「言ってもどうせ変わらないだろう。」

このように思わせてしまっているのは他でもない、このような社風にしてしまっている経営者の問題です。

言わずとも、お客様と一番近くで接しているのは現場の従業員です。

お客様が何を望んでいるのか、お客様の状態や環境はどうなのか。また、

POINT

お客様はどのような事に価値を感じているのか。それらを聴いて肌で感じ取るのは従業員ひとり一人なのです。

彼ら彼女らの声をしっかり吸い上げ、聴く耳を持たなければ、ビジネスチャンスを逃すことも大袈裟ではないのです。

また、社員ひとり一人の持っている個性や強みを知っていることで、新たな商品やサービスを作り出すことも出来るのです。

そして、適材適所での活躍によって生産性の向上にも繋がるのです。

ぜひ、社内コミュニケーションを今一度見つめなおしてはいかがでしょうか。

人の成長が追いついていない

各業界で人手不足が深刻化しているという話をよく耳にします。建設業やサービス業など、需要が高まる一方で人財の供給が追いついていない状況です。

ハコモノの建設や事業の拡大などの物理的な成長が進んだとしても、人財の教育や成長といった人的リソースの面で追いついていないのが現状ではないでしょうか。

しかし一事が万事、人は一部分だけを見て全体の印象を決めてしまいがちです。企業やホテルといったフロントや、電話の窓口の対応が悪い印象だと、その会社やホテル全体の印象も悪い印象を与えてしまいます。

あるホテルマンの対応でとても印象的な経験をしました。

以前より予約をしていたホテルに、現在予約をしている内容を全国旅行支援に変更して利用したいので、手続きの方法を教えていただきたいという問い合わせをしました。

対応していただいたフロントの女性に、手続きをするためのサイトを教えていただき、手続きを進めてみるも適用にならず、仕方なくもう一度ホテルに連絡をして聞いてみることにしました。

先程の女性ではなく別の男性の方が対応をしてくださいました。事情を説明し、申し訳ないがもう一度教えていただきたい旨を伝えました。

すると、彼は電話を保留にすることなく、ガチャガチャと音をたてて調べている様子でした。

数分後、電話口に戻ってきた彼の返答はこうでした。

彼「当ホテルでは、まだ全国旅行支援の準備ができていないようですねえ。」

私「ということは、今回の予約では使えないということでしょうか？」

彼「あぁー…まあー…そうですねえ。」

私「すると、先ほど問い合わせた際に対応をしてくださった方は、利用できると仰っていましたが、それは嘘だったということですか？」

彼「あぁー…そうなりますねえ。」

あえて嘘だったのかと聞いたのは、彼の対応をもう少し知りたかったため、少し意地悪な質問の仕方をしてみました。

きっと、前に対応をしていただいた彼女は勘違いをしていたのでしょう。

政府の急な指示に各都道府県も対応に追われて現場は混乱していたのもうかがえます。

そのような状況は理解をしていたので、間違えを伝えられたことに対して怒りや不満を持つことは毛頭ありません。

ただ、彼の対応能力に大きな疑問を感じたのです。

自分の仕事は何なのか。自分の業務は何なのか。しっかりと理解しているのであれば、こういった対応にはならないのではないのでしょうか。

これは、**彼自身だけの問題ではありません。彼を教育し成長させる立場にいる人間の責任でもあるのです。**

POINT

そして、その立場の人間も人を育てるための教育を受けていない場合が多くあります。

元を辿れば、企業側の責任なのです。

このホテルも、ここ数年の間に参入してきたホテルです。

ハコモノを増やし雇用を確保することも大切ですが、「人」のところを蔑ろにしていては繁栄するものも繁栄しません。

一事が万事、互いに心掛けたいものだと感じた出来事でした。

人を育てるのが先か、出店が先か

函館で17店舗を構えるラッキーピエロさん。（2024・3現在）
函館の地域にて根付いているハンバーガーショップです。

ある記事に、ラッキーピエロさんの戦略が書かれていました。
店舗ごとにコンセプトが異なり、その店舗に来店されるお客様の目的に合わせた店作りをされていることや、食材やスタッフのこだわりなど、とても興味深い内容が書かれていました。

その中で目に止まった文章がありました。

「人が育ってから店舗を出店している。」

人が育っていないのにお店を出したらお客様に迷惑がかかるという理由からでした。

お客様を中心に考え、人との繋がりをとても大切にする企業です。

もちろん様々な戦略があり地域NO．1に君臨しているのだと思いますが、「人」に焦点を当てた戦略をされているのだと感じました。

私自身、実際にラッキーピエロさんへ足を運んだことがあります
店内の雰囲気や独特な商品の楽しさ、更には豊富な物販のディスプレイといったVP（ビジュアルプレゼンテーション）に、どのような言葉で表現をすればよいのか迷うほど、とにかく圧倒されたのを覚えています。
お客様に喜んでいただくために、常に新鮮さや斬新さを提供しているのがよくわかります。従業員ひとり一人の意識がこのような形になって表れているのでしょう。

お客様のほとんどが地元の方、いかに地域に密着しているかがうかがえます。小さなお子さんからご年配の方まで、大きなハンバーガーを美味しそうに口いっぱいに頬張っていました。

ホームページを拝見すると、店舗毎にコンセプトがあり全て異なっています。コンセプトは違えど、会社の経営理念やビジョンをしっかりと共有されているのだと思います。

そういったマインドでいるからこそ、様々なアイデアが出てお客様が楽しめるお店になり、従業員もやりがいを持って仕事ができる環境なのだと思います。

POINT

どんなに優れた商品を開発しても、どんなに素晴らしいサービスでも、商品を売る人間、サービスを提供する人間が育っていなければ、良い成果は上がらないのではないでしょうか。

自分の成長を実感することは、非常にポジティブになりチャレンジ精神も活発になります。

従業員が成長を実感することで満足度が高まります。満足度の高い従業員が提供するサービスや商品は質が向上し、お客様の満足度を引き上げます。お客様の満足度が上がるとリピーターも増え売上も上がります。

この好循環が経営者の満足度を高め、また結果的に従業員の満足度に繋がるのです。

問題発生場所が問題を解決できるのか

組織内の問題や課題についてお話を伺っていると、つくづく感じることがあります。

それは、問題発生場所が問題を解決できるのかということです。

私がセミナーを行う際によく樹木の図を例にして伝えていることがあります。

地上に出ていて目に見える部分の幹や枝葉と、地下に埋まっていて目で見ることができない根の部分を図にして表しています。

地上に出ている幹や枝葉は表面的や顕在化している部分、それに対して地下の根は内面的や潜在化している部分です。

多くの場合、お話を聴いていくと、表面的な問題や課題は浮かび上がります。しかし、その問題の真の原因、ここで言う根を明確にするには、より深く掘り下げる必要があります。

見えていない根を明確にするために深堀をしていくと、その問題が起きる原因が見えてくるのです。

これは、第三者である人間がバイアスをなしに客観的視点と深堀する聴き方をしていくことで見えてくるものであり、当事者だけではなかなか出てこない、いや、出しづらいと言ってもいいかも知れません。

ご存じの方も多いと思いますが、自分自身を客観視するのは非常に難しいことです。同様に、自社を客観視することも容易ではありません。また、問題の原因を探る際には様々な心理的な障壁が立ちはだかります。

例えば、「ネガティブな気づきを認めたくない」という心理的な抵抗があります。認めることが難しく、その結果、問題の本質を見過ごすことがあります。さらに、「忖度」や「他責」といった要因も影響します。自らの責任を回避しようとするあまり、他者や外部要因を問題の原因として責める傾向があります。

また、「表面的理解で終わらす」といった、問題の根本的な原因を深掘りせずに、表面的な理解で問題を片付けようとする傾向も見られます。

これらの心理的な要因が組み合わさり、問題の解決に向けて四苦八苦しているのです。

このような状況では、問題が一時的には解消されたかのように見えるかもしれませんが、時が過ぎれば再び同じような問題が発生することがあります。なぜならば、根本的な原因が解決されていないためです。

問題の本質を見極めずに、表面的な対応や一時しのぎの対策に頼ってしまうことで、問題が解決されないまま放置されてしまうことがあります。
そういった状態になる原因のひとつに、問題の解決に取り組む当事者が問題を発生させている場であることです。
こうしたケースは、実際に経験した事例から多く見られます。

ある組織での事例を挙げてみましょう。

ある企業の人事部長からお話を伺う機会がありました。その企業は数千人の従業員を抱える組織でした。電話を通じて、その企業の人財関係で現在抱えている課題について詳しくお聴きすることになりました。

人事部長からお話を伺う中で、直面している課題は、新規事業に向けて必要な人事部の人財を採用しても、すぐに辞めてしまうことに加え、従業員の教育にも手を焼いているとのことでした。

その原因としてはどのようなことが考えられるのかと伺うと、新規事業の内容が未知のため、難しいことが多いと思われるという回答でした。社員の教育に関してはサブリーダーの教育に対しての知識不足が原因だとの回答でした。

後日、改めて人事部長にお電話をしたところ、電話口の方は、人事部長は席を外しており、どこにいったのか分からないという返答でした。さらに、戻る時間も不明で社内にいるか外出しているかも把握できていないとのことでした。

驚いたことに、この返答は人事部の従業員だったのです。このような返答は内容の虚実に関係なく、非常に信頼感を損なう返答です。社員教育の不備やコミュニケーションの欠如を感じさせます。

仮に、居留守を使っている状態だったとします。そうなるとさらに問題なことがあります。

まず一点目です。電話を取り次がなくて良いというお達しが出ているとします。そのため、電話に出た従業員は口を揃えて人事部長がそこにいるにも関わらず、いないと回答しているのです。

これは、上司が部下に「嘘をつくよう指示」をしているということになります。

そして二点目です。会話の中で、上層部と共有するために資料をメールにて送付して欲しいと依頼されたので、迅速に対応すべく直ちに送付をしました。

すると、先方からすぐさま返信がきたことに少し疑問を抱きながらメールを開くと、上層部に送るはずの社内メールが私に誤って送信されていたのです。

誤って私に送信されたメールには、社内のコミュニケーションの問題を露呈するような内容が含まれていました。社内メールとはいえ言葉使いも非常に適切ではなく、社内での対話の品質や職場環境に疑問を抱かせるものでした。

誤って送信してしまったことに気づいているのかどうか、この件に対して何の連絡もありませんでした。

さて、この人事部長は社内の問題がどのようなことだと話していたでしょう。

良い人財が辞めてしまうことや、社員教育に手を焼いていることでした。

この問題の根本的原因はそこにあります。

問題を引き起こしている人や場所が、問題を解決するために新たな人財を採用したり、また育成しようとしているのです。

これは、根本的解決に繋がるのでしょうか。繋がるとは到底考えにくいことです。

ですから、同じことが繰り返されているのです。

POINT

このように、同じ問題が繰り返され解決に至らない場合、問題発生源が問題解決をしようと試みているのかもしれません。

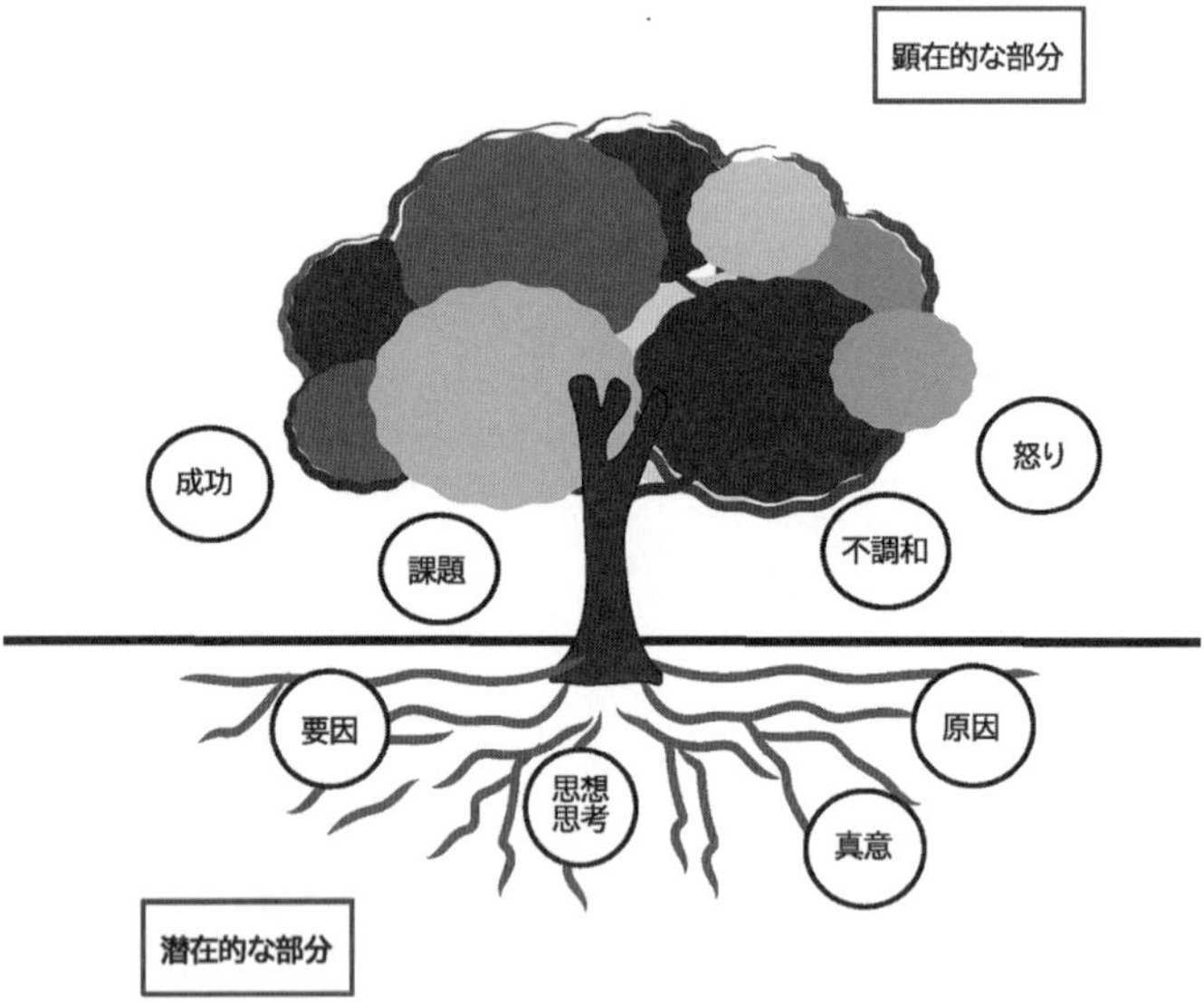
顕在的な部分
成功
怒り
課題
不調和
要因
原因
思想
思考
真意
潜在的な部分

従業員が精神的に健康だと確信ができるか

欧米では、パンデミックの影響によりメンタルヘルスのサポートの重要性がますます高まっています。従業員が直面するストレスや不安が増大する中で、企業側が提供してきたマインドフルネス瞑想などの自己解決方法だけでは、そのニーズを十分に満たすことが難しくなっています。

実際、苦しんでいると感じる人々が、自ら声をあげることをためらわない人が増えているという報告もあります。

このような状況下で、個々の従業員が抱える心の負担を軽減するためには、話せる相手、聴いてくれる相手、寄り添ってくれる相手が必要です。そして、これらのサポートは一時的なものではなく、継続してサポートをしていくことが重要です。

また、心理的安全性の高い環境を作ることは、組織において非常に重要です。特に、ミドルリーダーの役割はその重要性が際立つため、ミドルリーダーの育成も重要視する必要があるでしょう。

ミドルリーダーが部下からの不安や悩みを打ち明けられた際に、適切に対処することができるかどうかは、組織内の心理的安全性を構築する上で重要な要素です。

数名のミドルリーダーのヒアリングを行ったところ、次のような興味深い意見が目立ちました。

「部下から不安や悩みを相談されても、どのように対処すればよいのかわからない。」

このような理由から、部下と個別に会話をする時間を作ったり、気になる事があったりしても声をかけることを躊躇してしまうのだそうです。

ミドルリーダーが部下からの相談に適切に対応できていない状態で、時間だけが経過し、そうこうしている間に、深刻な問題が発生する可能性があります。例えば、心配をしていた問題が現実化したり、部下が突然辞めるといった事態が起きることがあります。

このような状況下でミドルリーダーは徐々に自信を失い、自己の能力や判断力に疑問を抱くことがあります。その結果、自分自身が不安定になり、業務や組織全体に影響を及ぼす可能性があります。

ミドルリーダーが部下の信頼を失い、自信を喪失してしまうことは、組織にとって大きな損失です。ミドルリーダーは部下のサポートや指導を担う重要なポジションにあり、自身の不安定さは、チームや組織の安定性にも大きく影響を及ぼします。

そのため、ミドルリーダーは適切なサポートやトレーニングを受け、自己成長を促進することは不可欠です。

組織内のコミュニケーションでもお伝えしましたが、組織としてミドルリーダーに対してのサポートを蔑ろにしているにも関わらず、社内のコミュニケーションを任せっきりにしてはいませんか。

組織全体でのサポート体制や、心理的安全性を高める取り組みも重要です。組織がミドルリーダーをサポートし、自信を持って役割を果たせる環境を整えることが、業績向上や従業員満足度の向上に繋がります。

POINT

経営者側の認識と従業員側の認識には、ギャップがあることを理解する必要があるでしょう。

子供の宿題と大人の仕事

経営者にとっては、自分の事業をやる上で行動を起こすためのモチベーションはあまり関係がないのかも知れません。

なぜなら、自分のやりたい仕事、好きなことを追求しているに過ぎず、そのためモチベーションは常に高い状態にあるからです。

しかし、従業員の場合はそうはいきません。特に、自分の仕事に対してあまり意欲をもっていない人たちにとっては、モチベーションが個々の生産性に大きな影響を及ぼします。

同様に、子どもたちにとっても学校で出された宿題を取り掛かるのにモチベーションが必要です。モチベーションが上がらないと、なかなか取り掛かろうとしません。親から促がされ、渋々取り掛かるのです。

従業員が与えられた仕事に取り組むことと、こどもが宿題に取り組むことの共通する点は、自らが決めたことではないということです。

他者から与えられた課題や既存のものに対して、モチベーションを上げて取り組むには、目標目的を明確にし、そこに関連するもの全ての要素を明確にすることから始まります。自身がやるべきことを明確に把握し、その意味を理解することで、取り掛かるための動機づけの要因の一つになります。

子ども育成の専門家が、子どもに宿題をやる気にさせるモチベーションの上げ方について話しているのを耳にしたとき、まさに大人社会とおなじではなかと衝撃を受けました。

行動を起こさせる動機づけをするための、子どもバージョンと大人バーションで共通する3つの要素を次に表してみます。

「子どもに宿題をやる気にさせるモチベーションを上げる3つの要素」

①その宿題の目的は何かを明確にすること。
ただ宿題をやりなさいではなく、この宿題はどういった内容で何のためにやるのかを理解させることです。

②ランドセルの中に入っているノートや教科書やプリントを全て出す。
今日の宿題は、どの科目の何をどこまで行うのかを見える化し、整理します。

③小さな宿題からでもいいので、まず一つ手を付けさせることです。
一つクリアすることで達成感や楽しさを味わいます。そして次の宿題

でもそれを求めて取りかかるようになります。

「従業員の生産性を上げるために行う3つの要素」

①その仕事の目的は何なのかを明確にしましょう。

その業務は何のためにやるものなのか。ただ何となく与えられた仕事をこなすのではなく自分で考え理解し目的を明確にすることが大切です。

②抱えている問題や課題、また目的や目標を書き出して見える化し、客観視して整理しましょう。

ゴール設定が不明瞭だと、どのような考えや行動をすればよいのか迷子になってしまいます。

③まずは動くことが大切です。

一歩動くことで、今まで見えていなかったものが見え、またそこで新たなアイデアや課題が見つかるのです。ＰＤＣＡを回すにはまずは一歩踏み出さなければ始まりません。行動することで、上手くいかないことの連続かもしれませんが、その中で小さくても成功体験をすることが大切です。

「子どもは勉強が仕事だ！」と、子どもの頃どこかの大人が口にしていたことを思い出しました。その言葉には、子どもたちが勉強や友達との交流から何をどのように学ぶか、それによって自分自身をどのように成長させるかという重要な仕事に取り組んでいるという意味があるのかもしれませんね。

子どもの宿題と大人の仕事、どちらも与えられた課題に向かって取り組む際に、個々人と組織の目標や目的の明確化、全体把握から自分の役割の認識、まずは一歩踏み出し小さくても成功体験をすることです。これらが課題に取り組む際に重要な要素となります。

POINT

従業員には、単に仕事を与えるのではなく、これらのことを共有し従業員がその目標に向かって役割を理解し貢献できるようにすることです。

そのためには、継続的なコミュニケーションとサポートが必要です。従業員が自己成長し、能力を発揮できる環境を整えることで、生産性が向上し組織は継続的な成長をすることができます。そして何より、従業員の離職率の軽減にも繋がることになります。

第2章 自己理解の視点

今、を認識する

莫大な情報がはびこる現代において、その情報の多さが私たちの判断を鈍らせ、混乱を引き起こすことがあります。ビジネスの場においても同様に、膨大な情報が意思決定を複雑にし、企業の方向性を見失わせることがあります。

自分にとって本当に必要な情報を得るためには、自分自身を深く認識することです。企業においても、自社の強み弱み、目指すべき方向性を明確にすることで、必要な情報と不要な情報を区別することができます。そして、本当に必要な情報に焦点を当てることができるのです。

現代社会では情報だけではなく物も溢れています。どこを見ても膨大な量のデータや製品が私たちを取り巻いています。

しかし、これだけの情報や物で満たされていても、満たされることが難しいものがあります。

それは人の心です。

心の充足感は、情報や物質的な豊かさだけでは得られません。最新の技術や多くの資源を持っていても、経営者並びに従業員の心が満たされていなければ、事業の成長に影響を及ぼします。

現代社会において、不安定で不確かな状況が長引き、私たちの心に漠然とした負担を与えています。

このような時代だからこそ、心穏やかになれる時間や場所を意識的に持つことが必要です。

禅の言葉で「即今《そっこん》」「当処《とうしょ》」「自己《じこ》」という言葉があります。

今この時、自分のいるこの場所で、できることをやる。という意味です。

先行きが不透明な現代において、未来に対して不安や悩みばかり抱えているよりも、今この瞬間を自分らしく精一杯生きることが心の豊かさに繋がるのではないでしょうか。

POINT

考え方を変えれば、**正解も不正解もなく、当たり前だった事が当たり前ではなくなった今、新しい事にチャレンジする絶好の機会です。**

特に経営者にとっては、新たなビジネスを見出すチャンスでもあり、ワクワクする瞬間ではないでしょうか。

主体性をもって仕事に取り組む

企業様にてお話を伺っていると、主体性を持った仕事の仕方をしていない従業員が非常に多い傾向に感じます。

仕事における主体性とは、目的や課題などを自ら考え設定し、目標や夢の実現に向けて自発的に行動し、それらの結果に対して自ら責任を以って取り組むということです。

しかし、多くの場合、この「自ら考える」という部分が非常に低いと感じるのです。

ある企業様での事例をご紹介します。これは、その企業様の統括責任者であるAさんとのお話しから得たものです。

その企業様ではかつて大きなトラブルが発生し、多くの顧客にご心配やご迷惑をおかけしてしまったことがありました。

この事態にAさんは、統括責任者として対応に追われ毎日奮闘していました。

そんな中、あるお客様から次のような問いかけを受けました。

「御社に再度任せたいと思えるような価値を提供して欲しい。君は自分が所属している会社が何を価値として提供しているのか、自分自身が提供できる価値は何なのかわかりますか？」

お客様からのこの問いに対して、Aさんは答えに窮し明確な返答をすることができませんでした。

新人社員であるならばまだしも、統括責任者という立場にあるAさんにとって、自社が何を価値としてお客様に提供しているのか、それを以ってどのようにお客様に価値提供ができるのか、という認識を持っていて然るべきです。さらに、それらを価値として感じていただけるには、どのようなアプローチが必要かを部下に教えなければならない立場でもあります。

このようなお客様の問いに対し、Aさんのように主体性がない人の答えは大抵マニュアル通りの答えか、上席や誰かの言葉をそのまま使う傾向があります。

そのため、踏み込んだ質問の内容になると言葉に詰まり、最悪の場合は逆ギレを起こすこともあるのです。

これはもちろんAさんに限ったことではありません。このような類似の例は他の場でも多く見てきました。

自分の所属している会社が、社会にとってどのような存在なのか、自らの従事する仕事の立ち位置や在り方といったことに対し「自ら考える」ことを怠っているケースが少なくありません。

与えられた指示通りに作業をこなすことに徹底し、自ら考える余地が少ない傾向があります。

与えられた仕事の枠内での作業にとどまり、効率化や改善にはあまり興味を示しません。その結果、生産性が低下し組織の成果にも影響を及ぼす可能性があります。

Aさんのような人物が部下を持つ場合、その部下も同様な考え方を受け継ぎ、「自ら考える」ことを怠る傾向に育つ可能性が極めて高くなります。

これは、組織内での主体性やイノベーションを阻害し、業務の効率や品質にも影響を与える恐れがあります。

一方、自ら考え行動する人は、与えられた仕事をただ単にこなすのではなく、その仕事に対して効率化や改善の余地を見出し、積極的に取り組みます。問題の解決策を考え実行し、新たなアイデアをも生み出すことができます。

その結果、組織全体の生産性やイノベーションが向上し、長期的な成果をもたらします。

POINT

目標設定、課題に対する解決策の策定、責任を持った行動、こういった思考のもとで仕事を行えば、顧客心理の理解や新たなアイデアの創出、それらに向けたチャレンジ力と行動力が企業の利益に繋がって行くのです。

そして自己理解の重要性も忘れてはなりません。

自分が提供できる価値は何か、自分の強みや好きなこと、得意なことは何か、また自分の弱みは何か、それらを知らずしてお客様に選んでいただくことは極めて難しい事だと思います。

自己理解はビジネスにおける競争力や差別化を高めるだけでなく、自己の成長にも深く関係します。

自分の弱みを克服しようと努力しても、その成長には限界があります。しかし、強みや得意なことに焦点を当てれば、それらは無限に伸ばすことができるのです。

これにより、他者との差別化も図れるようになるのです。

自己成長の術

唐突ですが、あなたは自分のことをどれだけ理解していますか？

多くの人が「自分のことは自分が一番良く理解している。」と思うことでしょう。

実際に多くの人が、自分自身の能力や性格について最も詳しく知っていると信じています。

これは一見、当然のように思えます。自分の内面や経験を最も知っているのは自分自身である、というのは自然な考え方です。

しかし、心理学者の研究によると「自分のことを理解している。」と答えた人は95％いましたが、実際に自己理解が正しくできていた人は、そのうちわずか10～15％に過ぎないという結果が示されました。

いかに多くの人が自己判断能力に欠けているか明確です。

自分の内面や能力などについて自分自身が抱いているイメージは、しばしばバイアスや思い込みによって歪められていることが多いのです。それればかりか、能力や性格など過大評価しがちだということが研究で示されています。

こういったことは、どんなに地位が高い人でも、何かの専門家でも、またどれほど長い人生経験を積んできた人であっても大きな違いはありません。

一国の大統領ですら、自分を客観的視点で見てもらうために、意見を問う側近を置くくらいです。大統領のような高い地位にある人物が決して自己判断だけに頼らず、信頼できる側近に助言を求めるのは、自分自身の認識には限界があることを理解しているからです。

「まずは自己理解」の章でも述べていますが、自分から見た自分と他人から見た自分には差異があります。驚くべきことに、他人から見た自分の方がより正確であることが多いのです。

では、なぜ他人から見た自分の方がより正確だと言えるのでしょうか。

私が考えるに、自分が自分をどう理解しているかには、常に何かしらのバイアスがかかっているからです。

例えば、こうでありたいと思う自分、こうあるべきだと信じる自分、そのような自己イメージのバイアスが正確な自己理解とのズレになるのではないかと考えます。

自分自身を評価する際に、無意識のうちに理想的な自己像や願望に引きずられてしまうことがあります。

バイアスは客観的な視点を失わせ、自分の強みや弱みを正確に認識することを難しくします。
自己評価が過大であったり過少であったりするのは、このバイアスが影響している要素のひとつです。

人の本質は無意識のときに露になります。その状態を最も客観視しているのは誰でしょうか。
それは、紛れもなく他人です。

私たちが無意識に取る行動や表情など、これらは自分では気づかないことが多いです。他人はその瞬間を冷静に観察し評価します。私たちが気づかない内面的な部分や、普段見せない一面が他人の目に映っているのです。

例えば、自分の顔写真をいくつか並べ、これが良いという写真は、自分で選ぶより他人に選んでもらうほうが好感度が高い写真になることが多いのです。

このように、**他人からの視点は、私たちが見逃しがちな自分自身の真の姿を映し出してくれます。他人の目を通して自分を見つめ直すことで、より正確な自己理解を得ることができるのです。**

POINT

それは、自己成長や人間関係の改善に繋がり、ひいては豊かな人生を築くための重要な要素となるのです。

しかしながら、自分を正確に理解ができていないということをネガティブに捉える必要はありません。常に自分と向き合い、人の話を聴き自分と擦り合わせいくこと、その術を取り入れていくことが大切なのです。

根拠のない一歩の積み重ね

考えぬいて理屈を付けた行動よりも、根拠の不明な一歩の積み重ねの方が、より大きな財産となります。

この真意は簡単に言えば「行動あるのみ」ということです。

昨今、SNSなどいたるところで、「行動しよう」といったメッセージの動画や文字が多く出ています。

それを見た多くの人が「そうだ！よしっ！行動しよう！」と気合をいれることでしょう。

しかし、いざ行動に移そうとすると、ブレーキがかかってしまうことが多いのではないでしょうか。

この現象は、多くの人に共通している悩みです。頭では「行動しなければ」と理解していても、実際に一歩を踏み出すことは容易ではないのです。その理由は様々ですが、恐れや不安、失敗への懸念や変化することへの躊躇がその根底にあることが多いです。そして、それらを隠すための代わりの言葉は「忙しいから」なのです。

例えば、見込み客にコンタクトを取ろうと思ったとしましょう。そこですぐ電話をかけたり、メッセージを送ったりすることです。しかし、そのような行動に移る前に次のようなことを考え、ブレーキをかけてしまう方も多いのではないでしょうか。

「どうやって切り出そうか。何をどう話せばいいだろう。」
「きっと今の時間帯は忙しいに違いない。後で連絡した方がいいかもしれない。」
「突然の連絡は、売り込みだと思われてしまわないだろうか。」

相手の邪魔にならないようにしなければいけない、上手く話さなければ相手に伝わらず失礼になるかもしれない。そうこう理由をつけているうちに時間だけが過ぎ、結果ブレーキを踏んだままでその日が終わるのです。

では、どうでしょう。

「どのように話そうか、何を伝えようか、時間は何時がベストか」これらをよくよく考え意を決してコンタクトを取ったとします。

考えぬいた言葉は、そのまましっかりと話せたでしょうか？

資料を手元に揃え、話す順番まで考えたその内容は、しっかりと相手に伝わったでしょうか？

相手のことを考えて選んだ時間帯にコンタクトを取った時、相手は暇だったでしょうか？

きっと、これらの答えはＮＯだったと思います。

そうなのです、あなたが考えてぬいて行動しようとする際、その多くは取り越し苦労なのです。

つまり、どうなるかわからない未来について勝手な自分の解釈であれこれ心配していただけなのです。

さて、最初の話に戻りますが、「よしっ、見込み客にコンタクトを取ってみよう。」と決めてから実際コンタクトを取るまでにどれくらいの時間がかかったでしょうか。

もし、自分の望むようなやり取りが出来ていたとしても、それはおそらく1～2件程度に留まるでしょう。そして、そこで得た経験や学びは限られたものになるでしょう。

一方で、あれこれ考えすぎずに、まず「コンタクトを取る」という行為に集中していたとしたらどうでしょう。

たとえ自分の望むようなやり取りが出来なかったとしても、その過程で得られる経験や学びは確実に数多くあったに違いありません。

「この言い方をすれば耳を傾けてくれるのか」とか、「お客様の望んでいることはもっと違うところにあるのかもしれない」というような新たな気づきや情報が財産になるのです。

また、感覚やリアルな情報は 身をもって行動するからこそ得られる大変貴重な財産なのです。

POINT

ゆえに、**「考えぬいて理屈を付けた行動より、根拠の不明な一歩の積み重ねの方が大きな財産となる」**のです。

9割の無意識を磨く

実はこの写真の中に、無意識と有意識が共存しています。

無意識の部分はおわかりになりますよね。

そうです、写真に写っているものはほぼ無意識の自然が作り出しているモノです。

では、有意識はというと、写真左下に少し窪みになっているところがあります。実はその中に鎮座されています。

写真は青森県にある千畳敷の風景です。この千畳敷は1792年の地震で隆起したと伝えられている海岸段丘です。（Wikipedia 参照）

それが神様なのか、お地蔵様なのか、はたまた別の存在なのか、はっきりとは分かりません。しかし、一つだけ確かなことは、この像が人の手によって作られ意図的に供えられたものであることです。


今回の題目にまさにふさわしい写真です。

人の有意識は、普段の生活の中でわずか5％しか使われておらず、残りの95％は無意識がしめているといわれています。まさに写真のように無意識がほとんどであり、有意識はその中のほんの一部に過ぎません。


少し思い返してみてください。

日常生活を送る中で、多くのことを無意識にこなしていませんか？

例えば、朝起きてからのルーティーン、駅から職場までの移動、食事中の所作、友人との会話、階段の登り下りなど、これらの行動は意識して行っているでしょうか？

更に具体的な例をあげてみます。歯を磨く時のことを考えてみてください。歯ブラシに歯磨き粉をつけて口に運び、最初に一番奥の歯を横にこすろうといった細かい動作を、いちいち一つひとつ意識しながら磨いているでしょうか。もし、意識しているのであれば、今朝の歯磨きをどの順番でどうやって磨いたか覚えていることでしょう。

どうでしょう、鮮明に覚えていますか？

順番を覚えているという方がいたとしても、それは無意識のルーティーンに従って行動しているからこそ可能なのです。

さて、このように人は普段の行動だけでなく思考や感情の動きも無意識のうちに行っています。日常の大半は意識的に行動しているように見えて、実際には無意識の領域によって成り立っているのです。

では、この無意識の部分を磨き上げたらどうなるでしょう。

無意識に使っている能力、すなわち潜在的な能力を磨くことによって、いわゆる第六感が研ぎ澄まされるのです。

これは、妙心寺副住職である松山大耕氏の著書「ビジネス禅入門」に書かれていた内容です。テニスのトッププレーヤーの例をあげています。トッププレーヤーのサーブは時速200キロ以上にも達し、サーブが放たれてから反応したのでは到底打ち返すことができないスピードです。

ところが、無意識の部分を磨きあげた選手は、その高速サーブを第六感で捉え反応することができると述べています。これは、無意識の領域を研ぎ澄ますことによって、通常の反射速度を超えた反応を可能にするという驚くべき能力の一部です。

実は、このような感覚については私自身も思い当たるところがあります。仕事において、人の話を聴くことやそれに関連する事柄を深く考えたり追求したりしていると、ゾーンに入ることがあります。このゾーンに入る状態は、集中力が極限まで高まった状態で、時間の流れを忘れるほどです。

このような状態を連続して体験していると、第六感と呼ばれる感覚が非常に鋭くなるのを感じます。

例えば、無意識的に数秒後に起こる出来事を感じ取り、それに対して適切な行動を取る準備ができるのです。私にとってこのような直感的な予測や判断は、相手の真に近づくために非常に有用です。

しかし、面白いことに、こういった集中状態やゾーンに入ることがない日々が続くと、その第六感の働きが鈍くなるのです。これは、無意識の力を引き出すための環境や心の状態がいかに重要であるかを示しています。

「ああ、この第六感は日々の取り組み方の積み重ねだな」と感じたことがありました。

POINT

物事に対して、**繰り返し考え集中し続けることで、直感や洞察力が次第に鋭くなってきます。特に自分が得意とする分野や興味のある分野においては、**

その積み重ねが無意識のレベルでの反応や判断に繋がるのです。

仕事に限らず日常の生活の中でも同様なことが言えます。例えば、食べること、靴を揃えること、会話をすることも、一つひとつ集中して行うことです。

歯磨きの順番とまでは言いませんが、例えば携帯を観ながら食事をするのではなく、食べることに集中してみてください。すると、無意識に食べていた時より味や形をより鮮明に感じ取ることができるでしょう。

また、周囲の人が何をどのように食事をしているか、その食べ物をどう感じているかにも気づくことでしょう。

食事に集中する習慣が身につくと、細かい味の変化や、野菜の切り方の違いにまで気づくことができるかもしれません。

普段食事を作っている人が同じであるならば、味の些細な違いによって作っている人の感情や体調の変化に気づくきっかけになるかもしれません。

さらには、一緒に食事をしている人の食べる順番も無意識に把握しているかも知れません。すると、次は何に手を付けるのか、どの調味料が欲しいのかを先回りして気づくことができるかもしれません。

こうした小さな気づきや意識の積み重ねが、普段の生活の質を向上させるだけでなく、周囲とのコミュニケーションを円滑にし、より豊かな人間関係を築く助けとなるのです。

話すことと、聴くことは、表裏一体

聴く力は非常に大切ですとお伝えしていますが、聴く力と同様に話す力も実はとても大切なのです。

話すことの大切さは、次のような理由にあります。

話すことで、心に溜まった蟠りを吐き出し心が落ち着きを取り戻します。
話すことで、現状を見つめなおして絡まった糸を解いていきます。
話すことで、思考、思想を再確認し整理がつきます。
話すことで、表情が豊かになります。
話すことで、孤独感から解放されます。

例えば、自分の悩みを友人に話している最中に、ふと解決方法が浮かんだりしたことはないでしょうか。頭の中だけで言葉を羅列しているのではなく、声にして発すると今まで気づくことがなかったことに気がついたり、ジレンマやフラストレーションが落ち着いたりします。

これは話しているうちに、頭の中で漠然としていることや、心の中でモヤモヤしていることが交通整理されていくからです。

交通整理がされた状態になると、これまで見えなかった解決策や新たな発想が浮かびやすくなります。また心の状態が良くなることで、ネガティブは感情にとらわれず、前向きに物事を考えられるようになります。

心の状態が安定し、リラックスできるようになると、ストレスや不安が軽減され、より冷静に状況を判断できるようになります。

また、話すことで自分自身を振り返り、自己理解を深めることができます。

古代ギリシャの哲学者であるアリストテレスの言葉に「自分自身を知ることは、全ての知恵の始まり」という言葉があります。
自分の人生は、自分の思考、思想、価値観、習慣などを反映し、人生の軌道となって作られています。

自分を知るということは、自分の人生をより良くするための、知恵（アイデア）を正確に把握して自分の条件で人生の道を作る術になるのです。

COVID- 19の影響により、私たちの置かれている環境が一変し、人と会話することも制限され、触れ合う事もままならない状況下だったため、心に溜まりに溜まったモノがあります。
不確かなものばかりに囲まれている中で、将来が見通せず常に不安と隣り合わせの現在、心が不安定な方も多いのではないでしょうか。

従来のコミュニケショーションの取り方がわからなくなったという声も耳

にしました。

このような状況下で、急速にオンラインでのコミュニケーションが広がり、自宅や外出先でもひとりで楽しく快適に過ごすための工夫が多く生まれました。

しかし、急激な社会の変化に対応しながらも、人知れず孤独感を抱え、誰かに話したい、話しを聴いてもらいたいと、そう訴えている方が大変多いのも現実です。このような心の声に耳を傾け、適切なサポートや共感を提供することが今まで以上に必要となっています。

話すこと、想いを伝える事、誰かに承認してもらう事、聴いてもらう事、これらは不安定な心を整えるためにとても重要なことです。

口と耳だけの会話ではなく、同じ空間を感じ、互いの表情がリアルに感じられる距離で、事の背景を理解し承認し合える会話は、今まで以上に必要とされるとても重要なコミュニケーションツールのひとつです。

何より、自分の話しを全身で受け止め受け入れてくれるのは、自分が信頼する生身の人間です。

自分の真の想いや、感情を話せる相手がいるようで実はいない。そのような孤独を抱えている人は少なくないのではないでしょうか。

この孤独感が、企業の成長において妨げになっていることがあるのです。

経営者は、会社のため、社員のため、お客様のために、毎日毎分毎秒、休むこともなく頭をフル回転し、目まぐるしく動いています。この絶え間ない思考と責任感から生じる経営者の孤独です。

常に社内外で様々な人と会話し、大勢の人前で話すことも多々あるでしょう。

しかし、その一方で頭の中は無数の課題や問題が渦巻いており、それらを常に考え続けなければなりません。

この絶え間ない思考は、時として新たな行動の妨げとなり、企業の成長を阻む要因となるのです。

なぜならば、自分自身を客観視することは極めて困難だからです。それは、どんなに博識がある人でも、どんなに経験値を踏んでいる人でも同様です。

他人に対しては、鋭い視点で訴えかけたり、相手が気づいていない点を的確に指摘したりすることができるものです。

しかし、いざ自分自身に纏わることとなると、とたんに視界が曇り見えなくなるのです。

私自身も例外ではないですが、これまでに同様の状況に直面する経営者を何人も見てきました。

特に、日頃から自分以外のことを常に第一に考え、行動している人ほど難しいのかもしれません。

このような状況を改善するには、意図的にでも時間を作り、自分や現状とじっくり向き合うことが必要です。

時には、信頼できる相手に話を聴いてもらう時間も大切です。

話をしっかりと聴いてくれる相手と話していると、頭の中が整理されて引き出しが次々と開いてくるのです。

その引き出しの中には、放置されていたアイデアや、以前お客様から頂いた感謝の言葉や何かに困っているという言葉、実は優先順位が高かったやるべきことなど、日々の忙しさによって、放置されていたことがたくさん出てくるのです。

POINT

既存の業務や問題に追われ、頭の中が整理できていない状態では、適切な判断を下すことが難しくなります。そのため、経営者の思考や行動を鈍らせ、新たなアイデアや革新的な取り組みを生み出すチャンスを逃してしまう恐れがあります。それゆえ、企業の成長の妨げになりかねないのです。

話す事によって心が安定し、自分自身に対しても相手に対しても余裕を持った対応ができるようになります。その結果、冷静な目で物事を捉え、向き合うことができるのです。また、話す過程で自分でも気づいていなかった一面や、新たな発見に驚かされることも少なくありません。

経営者にとって、この自己理解は特に重要です。自分自身を深く理解することで、冷静で客観的な判断が可能となり、組織を進むべく方向へ導く力となるのです。

日常の喧騒から少し離れ、向き合う時間、考える時間を持つことが、結果的には企業全体の健全な成長に繋がります。

このピクトグラムは
「話している絵」か「聴いている絵」か。

表裏一体なのでどちらも正解

まずは自己理解

その喫茶店は、ひとつ一つデザインの異なるコーヒーカップが壁一面に羅列されています。
マスターが自ら集めたカップは、ひとつ一つ個性があり、まるでアートのような空間が演出されています。

その中から、マスターがお客様をイメージしたカップを選び、じっくりと時間をかけて淹れてくれる珈琲は、待っている時間も楽しめます。

私をイメージして選んでいただいたカップは、春を感じさせる淡いピンク色で描かれたチューリップのデザインでした。
そのカップからは、柔らかく優しい雰囲気があふれ出ており、ほっと心が和むようなイメージでした。

しかし、そのイメージは私が自分自身をイメージしている姿とはかなり異なっていました。

正直なところ、そのギャップにとても驚きました。

コーヒーカップを写真に残し、後日友人に見せたところ、そのカップがとても私に合っていると言われた時はますます驚きました。

自分がイメージしている自分と他人から見た自分とは、異なるものなのだと改めて実感した瞬間でした。

この喫茶店での体験は、自己理解と他者理解の大切さを教えてくれました。

自己理解には3つの視点があります。1つは自己分析、2つめはデータ分析、そして3つめは他人からの分析です。

POINT

自己理解を深めていくには、自己のみで行うだけではなく、外部からの分析も受け入れ理解を深めていくことが必要です。

以前、お客様で自己理解を深くしたことで夢に向かって一歩踏みだすことができた方がいらっしゃいました。

そのお客様は20代半ばの男性で、将来設計について悩んでいました。

話しをお聴きしていると、彼はかつて従事していた職業に再び就きたいという想いを抱いていることが分かりました。しかし、その仕事が原因で身体を壊してしまい、再び同じ職業に就くことは難しいという現実にずっと悩んでいたのです。

「諦めなければならないですよね…。」

そう呟いた彼の言葉は、将来を諦めたような声でした。

時間をかけて話しをお聴きしていく中で、私が感じたことを次のように伝えました。

その職業すべてを諦める必要はないこと。なぜなら、今までの経験と豊富な知識は、その職業に付随する新たな仕事として提供できる範囲があるはずだということ。以前と全く同じ業務ではないかもしれないが、自分の強みを活かしてその業務に携わることはできるということ。そして、それが組織の中にいても外からでも可能だということ。

それらを見つけ出すための自分自身との向き合い方、考える視点などを伝えました。

すると彼は、はっとした表情を浮かべ、「やってみます！」と笑顔でこたえました。

何度も彼とセッションを行った一か月後、諦めかけていた職業に転職をするという一歩を踏み出しました。

彼はずっと自分の夢と現実の間で葛藤し、一人でモヤモヤした感情を抱えていました。そのモヤモヤをクリアにするための行動もせず、無理だと諦めていました。私とのセッションを通して、彼は初めて真の想いを言葉にしました。自身の内に秘めていた情熱や想いが次第に引き出され見える化したことで、しっかりと自分と向き合うことができたのです。

そして、何度も自分と向き合い夢や強みを再認識することで、自信を取り戻していきました。自分の経験や知識が無駄ではなく、新たな形で活かせることに気づいたのです。

一歩踏み出したことによって変化が起き、人生が変わる瞬間を見ました。

もちろん転職がいいと言う訳ではありません。現状の場でステップアップしていくのも良いでしょう。

何が自分にとってベストなのか
何が自分にとって幸せなのか
何が自分にとっての在り方なのか

自己認識と自己理解を繰り返し、常に自分の望む道の方向に向くようにしたいものですね。

自分自身を見つめる漢字アート

禅聴者の一環として、海外の方を対象に「Mind in Kanji Art」という特別なアートを提供しています。

「Mind in Kanji Art」とは、その人の名前、その人の信念や人生のストーリー、また、先祖の名前など様々な情報を集めインスピレーションを受け取り、それに基づいて唯一無二の名前に当てた漢字を選び、その漢字の名前に隠された意味を深く掘り下げ表現するアートです。

この漢字アートの目的は、依頼者に世界に一つしかない自分の名前を通して、ポジティブな感情を引き出し、自己理解と成長を促すことです。漢字の名前には深い意味が込められており、その意味を理解することで、依頼者は自分自身について改めて認識すると共に、新たな視点も得ることができます。

自分と向き合うきっかけは、日常生活の中でいくらでも存在します。その一つが私の提供する「Mind in Kanji Art」です。

日々の生活の中で、自分自身を見つめ直すことは難しいかもしれません。忙しさや多くの責任に追われていると、自分と向き合う時間を確保することは容易ではないでしょう。

忙しさから慌ただしく時間が過ぎていくか、何気なく過ごして一日が終わるということが、多くの人の日常かと思います。

POINT

しかし、**時には立ち止まり、自分と向き合う時間を持つことがとても大切なのです。**

漢字の名前に込められた意味を日々の生活の中で思い出すことで、自分の信念や目標を見つめ直し、より良い人生を送ってほしい、そんな願いを込めて提供しています。

今までに、トルコ、韓国、アメリカ、カナダ、中国、サウジアラビア、スペイン他、様々な国籍のお客様から依頼を頂いています。唯一無二の意味の込められた漢字の名前から、再び自分の存在意義を認識するきっかけになったという言葉もいただいています。

何か一つでも、自分と対話するための切り替えスイッチのようなものを持ち合わせるのも良いと思います。

ちなみに私の場合は、日課としているお気に入りのお香を焚いて、マインドフルネス瞑想と座禅を行うひと時です。

第3章　成長の視点

大人になってからの人間関係の在り方

私たち人間の成長は、生涯にわたる人間関係の結果として表れます。この過程で、良好な人間関係や失敗した人間関係を通じて私たちは成長し、変化していきます。

ここでいう人間関係には、自己の関係と他者の関係の二つがあります。

自己との関係を築くことは、大人になる過程で特に重要な要素が含まれています。

自己理解、自己認識を深めていくと、当然ながら「自分は自分、他者は他者」ということが無意識レベルで沁みついていきます。

自分と違う意見を言われようが、自分には理解しがたい行動だろうが、相手には相手の意図があり意味のある行動だと理解し、衝突を回避することができます。

また、自己理解によって自分の価値を理解することで、自尊心を高めるだけでなく、他人を受け入れられるようになるのです。

人は、自分思考だけで判断を繰り返すと思考にマンネリが生じます。自分の信念ある思考や行動であっても必ずしもそれらが役に立つとは限りません。

POINT

他人から新しい思考や行動を学び、それらを受け入れることで、新しい神経回路を作り出すことができます。

いくつもの神経回路を持つことで、柔軟性が生まれより良い冷静な判断ができるようになるのです。

現代は、直接会うことや電話やメールといったコミュニケーションの手段に加えて、オンラインやＳＮＳを通じたコミュニケーションの手段が増えています。
しかし、コミュニケーションの取り方の方法が変わろうとも、人間関係の構築における核心は変わりません。

オンラインやSNSを通したコミュニケーションは、現代社会において重要な役割を果たしています。しかしながら、リアルな対面での交流やコミュニケーションも、同様に重要であると言えます。なぜならば、リアルな対面でのコミュニケーションには、オンラインやSNSでは感じ取れない要素が存在するからです。

まず、第一にリアルな対面でのコミュニケーションには、肌感覚やその場の空気感を感じることができます。さらに、相手の表情や目の動き、姿勢や声のトーンの変化など、会話の裏に隠された意味を感じ取ることができます。これらのノンバーバル(非言語)な些細な変化は、オンラインでは捉えることが難しいですが、コミュニケーションではとても重要な情報となります。

そのため、リアルな対面での交流を大切にすることは、良好な人間関係を深める上で不可欠です。オンラインやＳＮＳの利便性に惹かれがちですが、リアルな対面でしか得られない貴重な経験から学ぶことが、より豊かな人間関係を築く鍵となるのです。

自分を知る・相手を知る・モノゴトの本質を知る

「自分を知る・相手を知る・モノゴトの本質を知る」ということを、様々な場面でお伝えしています。

これは個々人にとっても企業にとっても非常に大切なことです。なぜなら、これらの視点観点で理解を深めることで、私たちは自らの行動や選択をより的確に行うことができ、より良い結果を導くことができるからです。

悩みや問題の解決策についてお話を伺っていると、多くの方が問題を表面的でしか捉えていないことが多いように感じます。例えば、仕事における人間関係の問題や業務上の効率化に関する課題についても、表面上だけで取り繕っていることが多いように感じます。

このような場合、根本的な原因には目を向けず、短期的な解決策に頼ってしまうことが多いのです。

根本的原因に目を向けアプローチをすることは、時間を要することですが、課題の解決をより迅速に行うには、とても重要なことです。

そのプロセスによって得た知識や情報は、無駄なコストを軽減するほか、波紋のように広がり様々な場面に影響を与えるのです。

人に関する事例でいえばコミュニケーションエラーの問題に直面したとき、その問題の根本的原因はどこにあるのか、自分の視点や他人の視点、また、見方や捉え方など様々な視点観点から見極めることです。

ビジネスの場面では、お客様の困りごとの根本的原因を知ることで的確なサービスや商品を提供することができるのです。

例えば、売上げが低迷している原因が製品の質ではなく、マーケティング戦略の不足にある場合、製品の改良だけでは問題は解決しません。マーケテイング戦略を見直し強化することが必要です。

課題の解決には根本的原因を知り、そこから改善しなければ本当の意味での課題の解決には至らないのです。

POINT

これらの理解を深めるために、「自分(自社)を知る・相手を知る・モノゴトの本質を知る」ということ、これが大切ですとお伝えしているのです。

そのために必要となる要素として「聴く・話す」があります。これらのコミュニケーションの基本を実践することで、私たちはより深い理解に到達し、問題解決の糸口を見つけることができるのです。

「聴く」ことにより、相手の本質や真意を理解することができ「話す」ことにより、自分の考えや感情を的確に伝えることができます。この双方のコミュニケーションが、真の理解を生み出し、より良い関係性を築く基盤となるのです。

こうして得られた知識や洞察は、個々人の成長だけではなく、組織全体の発展にも繋がるのです。

アドバイスの効果的な提供法

相手に対し、「こう変わって欲しい」「こういう考え方をして欲しい」と思うことがあるかと思います。

自分自身の考え方や沁みついた行動を変えるのも容易なことではないのに、他人を変えようとしてもそれこそ困難なことです。

例えば、仕事に行き詰まっている部下が、オフィスのデスクで頭を抱えている姿を見た時、上司として何とか助けたいと思うのは当然なことです。

そのような時、あなたは部下に「こういう考え方をしてみたらどうだろう」とか「このようなアプローチの仕方も取り入れてみてはどうだろう」と、良かれと思ってアドバイスをすることでしょう。

しかし、このようなアドバイスを相手が必ずしも受け入れ、実行されるとは限りません。部下がアドバイスを実行しない場合、あなたは不満や疑問を感じることでしょう。

自分の立場から見て、アドバイスが理にかなっていると感じていますから、なぜ実行されないのか理解ができないのです。

改善されていない姿を見ると「せっかくアドバイスをしてあげたのになぜ改善されていないのか」と不満や失望を感じることもあるでしょう。

それは、相手にアドバイスや考え方を伝えても、相手が自らの意思で理解しなければ、表面的な受け入れでしかできないのです。

その場では受け入れたように振る舞うかもしれませんが、内面では本当の理解や納得が得られていない状態です。もしくは、本人は受け入れ理解し納得したつもりでいますが、それをどう処理していいのか分からない状態です。

その結果、同じ問題や課題が再び現れる可能性が高まるのです。なぜなら、自分自身に対しても物事に対しても本当の理解ができていないため、同じ思考や行動が繰り返されるからです。

提案と実行の間には様々な要因が影響します。

アドバイスを受け入れるためには、その背景にある理由や目的を理解し、自らの経験や価値観と結びつける必要があります。自分の経験や価値観を理解するには自己理解、自己認識が必要です。

したがって、**まずは自己理解や自己認識を深めるためのサポートをし、その上でアドバイスや考え方を提供しましょう。**

POINT

そのようなアプローチを通して、より意義深いコミュニケーションと成果を生み出すことができるでしょう。

従業員が成長しない理由

次のエピソードでは、私が関わらせていただいたある経営者のお悩みを紹介します。

このお悩みの原因となることは、経営者の立場に限らずあらゆる人間関係にも関連する内容です。

この企業様は、経営者と従業員は常に顔を合わせコミュニケーションがとれる環境にいます。

経営者からは、「なかなか従業員が思うように成長してくれない」というお悩みを伺い、経営者並びに従業員と幾度もセッションを繰り返し、詳細に職場環境などを見てきました。

そのような中で感じたことは、プロ野球阪神タイガースの岡田彰布監督のようなまさにこの一言でした。

「そりゃーそうよー。」

その理由として、まず第一に経営者と従業員の信頼関係ができていないという状況でした。

経営者と従業員の距離は、ただ物理的に近い場所にいるということに過ぎず、全くといって良いほど本来のコミュニケーションが取れていないのです。

このような状態に陥ってしまっていた原因は、経営者自身にあることが次のような理由から明らかになりました。

・コミュニケーションは受け手ありきというのを知らずに、伝えているのに理解しない従業員に問題があると思い込んでいました。

・従業員は経営者に、社内の問題を幾度となく伝えようと声を上げてきました。しかし、それに対して、何一つ行動することをせずに放置していました。

・従業員の努力に対して、労いの言葉をかけることなく、ネガティブな発言ばかりしていました。

このような状況では従業員が「がんばろう！」という意欲を持つことは難しいことでしょう。経営者のコミュニケーション不足や対応の不十分さなどから、従業員は自らの成長や努力に対して前向きな気持ちを持つことが難しくなります。

胸に希望を膨らませて入社したダイヤの原石が、教育環境も整っていない状況下で磨かれることが無い状態なのです。

従業員が重大なミスをしてしまったら叱ります。

従業員が成果を上げたら褒めます。

しかしながら、どちらにとっても互いに信頼関係が構築されていなければ、相手は叱られたら反発する思いがこみ上げ、褒められたら疑う気持ちがでるでしょう。

どちらにしても成長を促すことにはならないのです。

従業員を信頼していない経営者が、従業員の成長を望むことは絵に描いた餅なのです。

POINT

従業員が会社に対して強い絆を感じ、自らの力で成長や貢献に意欲を持てるような環境を作ることが重要です。

このような光景は、経営者に限らず役職がついて部下を持つ立場の方にもよく見られます。

思考のスイッチON

日頃、考えるクセがない人に話を聴く際には、まず相手の思考スイッチをONにすることです。

普段、その人が日常生活の中で「考える」という習慣を持っているかどうかは、少しの対話でわかります。

例えば、初対面の相手に話を聴く際に、次のような質問を投げかけるとします。

「ご自身のお仕事の業界や社内並びに業務内容で、現在抱えている課題は何ですか？」

その応えとして私の経験上、次のようなパターンに分かれます。

パターンA：「そうですね、コロナ前と環境が激変したので、従来のやり方のままでは売上げの安定が見込めません。今までとは違った戦略を立てなければならないと、私自身も強く感じています。現在、新たなアイデアを出し合いチャレンジをすべく取り組みをしておりますが、新たな取り組みに対して、社員への伝達と理解がなかなか難しくスムーズに進まないのが、私自身も含め一番の課題です。」

このような、具体的なお応え。

パターンB：「えー……　そうですね、世の中全体的に物価も上がっていますから、なかなかどうしたものか…厳しいですね。」

このような、とても抽象的な応え。

パターンC：「そういう内容でしたら部長の方が詳しいので…。」

という、ご自身の意見さえない応え。

おわかりになりますね。

A以外は考える習慣が非常に低い人です。

この例を用いた内容で言いますと、身を置いている業界や会社、そして自身の業務に対して他人事のように捉えることは、より深い理解や成長を妨げる可能性があります。

自分の仕事が何であり、その仕事が世の中や社会にどのような影響を与えているのか、これらのことを常に考え理解することは極めて重要です。

さらに、自分の業務が会社内のどのポジションにあり、他の部署とどのような関係があるのかを把握し理解することも重要です。

自分の行動がどのような意識のもとで行われているのか、理解することで効率性や成長度合い、そして人生の方向性も大きく変わってくることがあります。

POINT

このように、**考える習慣を持つということは、個人の成長にとって非常に重要です。考える習慣は、問題解決能力を高め、日常生活や仕事の中で直面する様々な課題や困難に対して、冷静かつ論理的に行動することができます。**

また、想像力を刺激することで新たなアイデアや解決策を生み出すことにもなります。様々な情報や選択肢を考慮し、リスクや利益を分析した上で最良の選択をする能力が養われるのです。このように、考える習慣は仕事や人生において重要なスキルとなるのです。

考える習慣が低い人に自己認識をしていただき、考える習慣を身につけるための聴き方として一例をお伝えいたします。これは、「相手の自己認識を深める問いかけ」でもご紹介したステップと同様になります。

1. 思考のスイッチON

「今、ご自身が一番困っていることはどのようなことか教えていただけますか？」

まず、世の中や業界といった広い範囲ではなく、考えやすい自分自身のことに対した質問を投げかけます。ここで、思考のスイッチをONにします。自分自身の困り事や不安に焦点を当て、自分自身の考えや感情について深く考えるように促します。

2. 見える化

「その困り事が生じている原因を挙げるとしたら、どのような事が挙げられますか？」

困り事や不安の原因を見える化しましょう。多くの場合、困り事の原因はモヤの中に隠れ、ぼんやりとして見えていないことが多いです。いくつでもよいのでモヤの中から探り出し、表に出して原因を認識しやすくしましょう。

3．優先順位

「それらの中で、何が一番影響が大きいと感じますか。」

ぼんやりと過ごしていると、未解決としてきたことがたくさんあります。ですので、モヤの中から手探りで引き出してくると、あれかな？これかな？というものが幾つか出てくるのです。

その中で優先順位を付けていくと、潜在的な部分がより顕在化され一番の原因が浮かび上がってくるのです。

4．方向性

「もし、その困り事が解決できる方法があるとしたら、どのような事が考えられますか？」

困り事が表面化し優先順位が付いたところで、どのような状態になっていたいか方向性を明確にし、課題解決に向けての具体的案を明確にします。

あくまでも一例ですが、このような一連の聴き方を通じて、相手が考える習慣を身に付ける手助けができます。

ぼんやりモヤの中でただなんとなく過ごすのではなく、目標ややるべきことがとても明確化になり生産性も上がります。

このような自己認識の仕方は仕事だけに限ったことではありません。日常の生活の中でも、自分の人生を見つめる中でも、とても役立つ手法です。

思考から変化へ

思考思想を言葉にして下さい、その言葉は行動に変わるから。
行動をして下さい、その行動は習慣に変わるから。
習慣化して下さい、その習慣は無意識に変わるから。
無意識を身につけて下さい、その無意識は自身を変えるから。
自身を変えて下さい、世界が変わるから。
修道女であるマザー・テレサ名言に似させて、禅聴者の視点で書いてみました。

この内容は、変化のプロセスを段階的に示したものです。

《思考思想を言葉にして下さい、その言葉は行動に変わるから》

この一文は、変化のプロセスの始まりを示唆しています。私たちの思考や思想は、言葉に変換されることで具体的な行動へと繋がります。つまり、自分の考えや夢や目標を実際に何かしらの行動に反映させることが重要な一歩なのです。

《行動をして下さい、その行動は習慣に変わるから》

次に、行動が習慣へと変化するプロセスを述べています。一度行動が習慣化されれば自然な行動として内面化されます。意識的な努力と継続が必要になりますが、その努力が習慣化に繋がるのです。

《習慣化して下さい、その習慣は無意識に変わるから》

続いて、習慣化が無意識的な行動に変化していくプロセスを述べています。繰り返し行われる習慣は、私たちの無意識の中に根付きます。

《無意識を身につけて下さい、その無意識は自身を変えるから》

次に、無意識的な行動が自己への変化に繋がることを述べています。常日頃私たちの行動は無意識化における事が多いのです。夢や目標に向かっての行動が無意識にできたなら、個人の成長や発展に良い結果をもたらす可能性が高いでしょう。

《自身を変えて下さい、世界が変わるから》

最後に、自分の変化が環境をも大きく変わることを示唆しています。自分が変わることによって、例えば身を置く場所が変わったり、付き合う人が変わったり、考え方が変わったりすることがあります。また、夢や目標にグッと近づくことや達成することで自身の環境が大きく変化するのです。

このプロセスからは、変化は個々の小さな行動から始まり、それが習慣化に変わり、最終的には大きな変革をもたらす可能性があるということが明らかです。

POINT

だからこそ**何かを変えたいと願うのであれば、まずは小さな一歩を踏みだし、その後は継続的な努力を重ねていくことが重要です。**

考えるだけでは現実化しない理由

「考えてはいるが現実化しない」「考えても答えが出ない」と話す人がよくいます。その理由の一つは、単に頭の中で考えているだけに過ぎないからです。複雑な問題や多くの要素を、頭の中だけで考えているということは、それは理想や公式、状況などをただ想像しているだけなのです。

例えば、初めての場所で道に迷い、人に道を尋ねたとします。その人は次のように教えてくれました。「この道をまっすぐ行って、三つ目の信号を左に曲がり、２００メートルほど行ったところにある公園を右に曲がり、三ブロック目をさらに右に曲がり、五件目の角を左に曲がると信号二つ目に橋があるので、その橋を渡り、渡り終えたところで側道に進み、二つ目の信号を左に曲がった所です。」

さて、この説明を頭の中だけで理解し、一回で確実に目的地に到着することはできるでしょうか。

記憶力に優れている人なら、一回で到着することができるかもしれません。しかし、多くの人は難しいのではないでしょうか。

そこで、この説明と共に紙に地図を書いてもらうか、Googleマップ上でピンを立てれば、ほとんど迷うことなく辿り着くことができるでしょう。

同様に、難しい計算を解くにあたり、頭の中だけで暗算するより、紙に書いて計算したり電卓を使えば、正確に答えを導き出すことができるでしょう。

POINT

頭の中だけで考えるよりも、視覚的に表現したり道具を使うことで、より鮮明かつ明瞭にものごとを理解することができるのです。

このような事例からもわかるように、複雑な問題や深く考えなければならないことに対して、文字におこしてみたり、図式化したりして俯瞰して見ることです。

実際にアイデアを紙に書き出して見たり、誰かに話してみたりすることで、自分の考えが整理され、新たな視点や解決策が見えてくることがよくあります。また、他者との対話を通じて自分が気づいていなかった問題点や新しいアイデアのヒントが見つかることも多いのです。

頭の中で考えるだけでは限界があることを理解し、視覚化や他者とのコミュニケーションを通じて考えを整理することが重要です。

こうした方法を実践することで、良い結論やアイデアが生まれることで考えが現実化しやすくなります。

多くのことを考えたり深く考えたりする際には、適切な道具や方法を使って思考を整理しましょう。

第4章　聴く力の視点

変わらぬ核心

コミュニケーションの取り方は、時代や環境の変化に影響を受けることがありますが、その核心には一貫して欠かせない三つの要素が存在します。ここでは、コミュニケーションの方法が変わろうとも、良好な人間関係を築く上で欠かせない三つの要素についてご紹介します。

①自己理解と成長

人間関係を築くうえで重要な要素は、相手を受け入れ信頼関係を築くことです。しかし、このような関係を構築する前に、まずは自己理解が欠かせません。

なぜならば、自己理解があることで自分自身のタイプや価値観、コミュニケーションのスタイル、聴く姿勢などを「ある程度理解すること」で、自分がどのような人との接し方が心地よいのか、またどのようなことで怒りを覚えるのかなどを理解し、相手との関り方やコミュニケーションのスタイルを調整することができます。

自分はどのような性格の持ち主で、どのようなことに価値を置き、何に対し情熱を感じ、何に対して怒りを感じるのか。また、今自分はどのような状態なのか、何に向かって生きているのかといった自己認識・自己理解ができていると、目の前に起こったことに対し、自分自身に対しても相手に対しても、起こった事に対しても冷静に考え対処ができるのです。

これらが理解できていないと、感情に任せた言動をしたり、自分の本心とは裏腹な状況になってしまったりする恐れがあります。

ポジティブのときはまだ良いですが、ネガティブなときは、自分も周囲の人も更にネガティブな状態になりかねません。

自分のことを理解していないがために起こってしまうトラブルを減らしていくと、イライラした感情やネガティブな感情が減るのはもちろんのこと、周囲の人とのコミュニケーションも円滑になることでしょう。

自分の感情がポジティブまたはネガティブに振れたとき、その感情が何によって引き起こされたのか、そしてどのように対処すればその感情を適切にコントロールできるのかを理解することができます

自分の感情を客観視してコントロールができれば、相手の感情を受け止めることができるのです。

さらに、自己理解があることで他者に自分を理解してもらうための表現方法も明確になります。

自分の考えや感情を的確に伝えることができれば、相手もより理解してくれることでしょう。

自分を理解し自分を受け入れることができる人は、他者との関係をより良いものにするための基盤を築くことができるのです。

ここまで、自己認識や自己理解が重要と強調して伝えてきましたが、ここで一つ大事なことを伝えます。

そもそも人間は、自分を客観視することは極めて難しい生き物です。自分の事は自分が一番理解しているというのは大きな勘違いです。

ここまで述べてきた事と逆をいく内容ですね。ですので、私は先ほど「ある程度理解すること」と表現をしました。

お伝えしたいことは、自分自身でしか知ることのない自分と、他者から見た自分の知らない自分と、両方から自己理解を深めることが必要だということとです。

②他者との共感と理解

自己認識や自己理解が深まると、自分と他者との境界がより明確になります。

自分は自分であり、他者は他者であるということが、無意識のレベルで浸透してきます。

この認識により、他者との異なる意見や行動に対しても相手の独自の立場や考え方を尊重し衝突を避けることができるようになります。

この意識の変化は、ビジネスの場でも非常に重要です。

ビジネスの世界では、多様な意見やアプローチが求められます。チームメンバーやパートナーが異なる視点やアイデアを持っていることは、イノベーションや課題解決にとって非常に有益です。

しかしながら、異なる意見が衝突することもあります。ここで重要なのは、その衝突を建設的なものにすることです。つまり、相手の独自の立場や考え方、さらには価値観などを尊重し共通の目標に向かって議論する姿勢が求められるのです。

異なる意見を受け入れ尊重することで、よりクリエイティブで新しいアイデアや戦略が生まれビジネスの成長へ繋がることでしょう。


私たちは皆、カンガルーのように袋の中で成長していきます。

子宮の中から始まり、家族、学校、会社、コミュニティといった組織の中で支えられています。この環境の中で自己認識や他者との関りによって自己形成されていきます。


ここで、仏教の話を少しいたしますと、仏教には「慈悲の眼差し」という言葉があります。

慈悲の文字には、一般的にあわれみや悲しみの気持ちを表現するときに用いられますが、仏教において慈悲とは、他の生命に対して楽を与え苦を取り除くことを望む心の動きを言います。これは、他の人間を受け入れ理解することを指します。

相手の特性を受け容れることは、相手に安心感を与えることができます。信頼関係を築く能力は、相手との関係が安全だと感じることによって育まれます。そして、安全だと感じる度合いは、私たちが幼少期に、他者からどれほど受け入れや、支援を受けたかに大きく影響されます。

幼き頃に受け入れられなかった場合でも、大人になってから他者に受け入れてもらう環境や、それらを学ぶ機会は多々あります。ですから、大人になってからでも人間関係の構築の仕方を学ぶことも、他者に受け入れてもらう環境も新たに見つけることができるのです。

③聴く力と受容

コミュニケーションの重要なカギは聴く力です。その中には受容も含まれます。

相手の言葉や感情に真摯に耳を傾け、受け入れ、相手の望むべき姿勢を持つことが求められます。これにより、相手が理解され尊重されていると感じ、信頼関係が生まれるのです。

一方で、相手の言動が否定的な要素を含んでいる場合は、沈黙するのではなく、積極的に声を上げることが求められます。

例えば、非難、侮辱、嘲笑、軽蔑などの行動や発言があった場合は、直ちにそれに対処することが必要です。

これらに対しての沈黙は、問題を解決するのではなく、むしろ問題を悪化させる可能性があります。

そのため、このような行動や発言に対しては適切な時にはっきりとした姿勢で反応することが重要です。冷静さを保ち、相手との対話や解決に向けて努めることが必要です。

ある禅師はこのように述べています。

「古代人は自分の間違いを人から聞くと、いつも喜んでいた。」

これは、他者からの自分に対するフィードバックを受け入れることが、自己成長に繋がる重要な要素であることを示しています。

他者からの意見やフィードバックを受け容れることで、自分がどのような影響を周囲に与えているのか、また自分がどのような影響を受け形成されているのかを客観的に見ることができます。

しかし、そのような貴重なフィードバックを受け容れることが難しい場合があります。

それは、自分のエゴが邪魔をしている場合です。エゴは自分の価値観や意見を守ろうとする心の防衛機制です。そのため、他者からのフィードバックや意見を受け入れない場合、自己成長や、最善ではない現状からの脱却の機会を逃している可能性があります。

自分のエゴに立ち向かい、成長の機会を逃さないよう努めることです。

POINT

三つの核、つまり自己理解、相手を理解する力、そして聴く力は、良好な人間関係を築く上で重要な要素です。

これらの核が結びつくことで、お互いの理解と尊重が生まれ、より強固な絆が築かれます。そのような豊かな人間関係があることで私たちは支え合い、成長し合うことができるのです。

結局のところ、良好な人間関係は、自己成長や幸福にとって不可欠な要素であり、これらの核心がその基盤となるのです。

聴き方も多様性

相手の話を聴くとき、「うん、うん」という小さな声や頷きを用いて相槌を打ちます。

傾聴の視点でいえば、あなたの話に集中しているというサインになります。これは、相手が自分の話をしっかりと聴いてくれているということを感じさせ、安心して話を続けられるようにする重要な手段の一つです。

しかし、他の国や地域の文化では異なる場合があります。

相手の話を聴くときに、同じように言葉や頷きで都度相槌を打つとうるさがれることがあるのです。

確かに他の国の方の会話を見ていると、聴く方は都度相槌を打ってはいません。かといって、相手の話をしっかりと聴いていないわけではありません。真剣に向き合って耳を傾けています。話し手にとっても、しっかりと話を聴いてくれているのか不安に感じている様子もありません。

私たち日本人からしたら、相槌が少ないと「話を聴いてくれているのかな？」と不安になることでしょう。

カルチャーの違いといったらそれまでですが、相槌があってもなくても「聴いている」「聴いてもらえている」と感じることに違いがないのはなぜでしょう。

その理由として、聴く力は単にテクニカル的な問題ではないということです。

むしろ、心の在り方が重要な役割を果たします。相手に本気で興味関心を持ち、理解しようとする心の持ち方が、相手に対する真の聴き手としての資質を示します。

そのため、相槌があってもなくても聴き手の姿勢が伝われば、相手は心を開いた話を続けてくれるのです。

私自身、話を聴いているときに無心で没頭していると「うん、うん」と、言葉も頷きもしないことがあります。

そんな時でも話し手の方が、不安がって話を止めたり表情が変わることはありません。むしろ、話すことに没頭しているように感じます。

「聴く」ということは、「互いに吸い込まれている状態」という表現が近いように感じます。

POINT

「聴く」ということにおいても、このような文化の違いは、コミュニケーションの方法において重要な要素になります。異なる文化や習慣を受け入れ、相手の文化や習慣を尊重し、それに応じて自分のコミュニケーションスタイ

ルを調節することをお勧めします。

一度聴いただけで、理解ができていますか

人は、日々さまざまな感情や思考を抱え、その表現の仕方も多岐にわたります。

心の状態も常に変化し、その日、その時、その瞬間で異なる顔を見せるものです。この複雑な心理状態により、話し手が自分の感情や思考を正確に表現できない場合や、聴き手が適切に受け止められない場合があります。

したがって、人の話は一度聴いただけで相手の真意を必ずしも正確に理解できるとは限らないのです。

話し手が順序立てて話すのが苦手だったり、本当に伝えたいことを言葉にするのが難しかったり、相手に恐縮してしまい本心が言いづらくなることもあるのです。このような状況では、話し手の本質的なメッセージが伝わりにくくなります。

また、聴き手も自分の経験や認識に基づいて情報を解釈します。そして捉え方や理解の仕方もその時の状態によって変わることがあります。
そのため、聴き手が勝手に結論を出したり、間違った解釈をしてしまうことがあります。

POINT

同じ話題を何度も繰り返し聴くことで、話し手は自らの思考を整理し、本当に伝えたいことを段々と明確にすることができるのです。また、時間を置いて再度聴くことで、相手の状況の変化の有無がわかります。このような、時間と繰り返しのプロセスは本質の理解へと繋がるのです。

聴き手は、相手の真意を理解するためには積極的に聴く姿勢を持つことです。期間を置いて繰り返し問うことができない場合は、話し手の話が最後の最後まで終わるのを待つことです。
そして、自分が正しく受けとれているかを丁寧に確認することで、誤解を防ぎ、より深いコミュニケーションがとれるようになります。

相手の話を正確に理解するには、時間をかけて丁寧に聴くことです。その結果、話し手の本当に伝えたいことが明確になり、双方が正確に理解し合うことでより良い関係性が築かれるのです。

言いたいことを汲み取ってあげるだけでは、相手の言葉や気づきを減らしてしまいます。

この文だけ見ると、「聴くということは相手の話の真相を汲み取ることではないの？」

そう思われる方もいらっしゃるかもしれません。

確かにおっしゃる通り、相手の真相を汲み取ることは大切です。

理解と共感

しかし、いくら汲み取ったとはいえ、それが１００％正解かどうかはわかりません。むしろ１００％正解なんてありません。なぜなら、当たり前のことですが、相手と自分は異なる存在であり、内なる言葉も秘めた感情も異なるからです。

最善な聴き方は、相手が自分の内なる言葉や秘めた感情を自らの言葉で表現ができるまで待つことです。

例えば、相手が話している途中に言葉が出てこなくなり、どう表現したら良いのか考えている状態のときに、「うんうん、大丈夫わかっているよ！」というように、それ以上話さなくていいよと止めてしまうことがあります。

もし、相手の伝えようとしていることに対して、本当に理解をしていたとしても、相手がなんとか言葉で表現しようとしているのであれば、「汲み取りました。」の姿勢は止めましょう。

相手は自身の奥底にもやもやして整理されていないモノを、言葉にして口から出すことで初めてしっかり認識しようとしているのです。

人は、他人に言われたことより、自分で気づき理解する方がしっかりと納得できるのです。

ここで、聴き手にとって大事なことが二つあります。それは、「待つ」と「良質な質問を投げかける」です。

「待つ」ということは理解されたと思います。

相手が言葉にしようと自分と格闘している間、じっと待ってあげることです。

その間、携帯を触ったり目力で促そうとしたり、ましてやテーブルをトントンしたりするような行為はもってのほかです。

優しく微笑み「大丈夫ですよ。ゆっくりでいいですよ。」という姿勢でいてください。

そしてもう一つ「良質な質問を投げかける」です。

これは、相手が自分の真意に気づいていなかったり、探せなかったり、言葉にすることに行き詰まってしまった時に、質問形式で相手の思考を誘導する方法です。

良質な質問として三つの例を挙げます。

例1：その応えの背景を考えさせる。
「〇〇〇ということは？」「その応えに至ったのは何が主な理由なのでしょう？」

例2：発言内容をより明確にする。
「具体的に言うと、どのようなことになるでしょうか？」「もう少し詳しく教えていただけますか？」

例3：仮定を置いた質問で相手の理解度を上げる。

「○○であれば××ということでよろしいでしょうか？」「△△をすると□□になると理解しましたが、これに違いがあれば教えていただけますか？」

相手の頭の中や心の声をより具体的に鮮明にして、それを自らの言葉で発することで整理整頓されます。そして、閉ざされていた引き出しが開くことで、新たな気づきが生まれます。

自らが気づき明確になったことは、とても深く心に残るほか、それを行動するに際して持続性と考える力が生まれます。

実は、これらの手法は子供にも適用できるのです。

子供の場合、思考を誘導するというよりも、伝える力を身に付けコミュニケーション能力を発展させることに繋がります。

子供は何かを伝える時、短い単語で伝えることが多いです。もちろん、子供はまだ語彙力が発達中ということもありますが、そこの問題ではなく、特に親は自分の欲求を汲み取ってくれて理解してくれるものだと思っているのです。

例えば、夏休みの終わりに「宿題が終わらないよー!」と叫んだとします。これだけの言葉の中には、「夏休みが終わるのに宿題が全然終わっていない。これは大変だ!なんとか終わらせるために宿題を手伝わなければならない!」と、親が理解してくれると思っているのです。

親は、「宿題が終わらないよー!」の言葉だけで汲み取るのではなく、「結論」「根拠」「具体的」を順序立ててしっかりと伝えられるように、ひとつ一つ質問をしてあげることです。

「結論」　新学期に宿題を全て提出するため、絵日記の作成と自由研究の内容を考え作成するために力を貸して欲しい。

「根拠」　夏休みの残日と、終わらせなければならない宿題の量を比べると、とてもじゃないが一人では処理できない状態である。

「具体的」　夏休み中、お母さんやお父さんから宿題を早く終わらせなさいと何度も言われたにも関らず、後回しにして遊びを優先してしまった。そのため、夏休みが終わるまでに宿題が完成しない結果となってしまった。

このように伝える力を身に付ければ、コミュニケーション能力も向上し、将来大人になった時、非常に役に立つことでしょう。

聴く技術の前に大切なこと

コミュニケーションスキルの向上を目指す中で、以前は「話し方」に重点が置かれていましたが、現在では相手の話を理解し、受容する能力である「聴き方」が重視されています。この変化は多くの方がご存じの事でしょう。

「聴き方」を学ぶ際には、傾聴やアクティブリスニングといった技術が重要視されています。

これらの学びの中では、聴く姿勢、頷き方、話し手の意見を受け入れる姿勢、相手を承認する姿勢、本当に言いたいことを探る技術、途中で言いたいことを確認する手法など、多岐にわたる「聴き方」のスキルを学ぶことでしょう。

確かに、これらの技術は「聴き方」としては非常に重要なことです。しかし、これらの「聴き方」の技術は、実は話しを聴くプロセスの第二段階に過ぎません。

なぜなら、「聴き方」の技術の前に非常に大切なことが二つあるからです。

一つ目は、相手に対して本気で興味関心を持ち、その人のことを深く知りたいという強い気持ちです。この人はどんな人物なのか、どのような思考の持ち主なのだろうか、何に対して価値を感じるのだろうかというような、この人を知りたいという強い気持ちがあれば、自ずと聴く姿勢になっているのです。

そして話し手は、自分に興味関心を持ってくれている相手に対して、よりオープンになり、相手に親近感を抱き話しやすくなります。そして、もっと自分のことを知って欲しいという欲求から、次第に心の内を話すようになるのです。

二つ目は、なぜ自分に話してくれているのかを理解することです。「話してくれている」ここがキーポイントです。相手が自分に話してくれている理由は様々ですが、必ず何かしらの理由があるはずです。

例えば、「この人なら自分の話を否定せず理解してくれるはず」「この人なら、良いアドバイスをくれるかもしれない」などといった理由があるのです。

そういった理由を理解していれば、相手の話を軽んじて聴くということはできないはずです。むしろ、相手が自分に話してくれていることに対して感謝する気持ちさえ芽生えてきます。

話し手が自分を信頼して話してくれていることを認識することで、相手の話に真摯に耳を傾ける姿勢になるのです。

コミュニケーションに関する相談の中で、「どうやったら上手に聴くことができるのでしょうか」という質問をよく受けます。

ほとんどの方がテクニカルの部分ばかり着目しているのです。

テクニカルな部分ばかり気にしているということは、相手の話をきちんと聴けていない場合があります。

なぜなら、相手が話している最中に、「頷き方はこれで良いだろうか」「手や足の位置は適切だろうか」「目線はどこに合わせればいいだろうか」と、自分の振る舞いに意識が向いてしまうからです。意識が自分に向いているということは、その間、相手の話を「聴く」のではなく「聞く」になっているのです。

さらに言うと、その数秒間自分に意識が向いている間に、相手は話のキーワードを発しているのかも知れないのです。

大抵そのキーワードは、後に出てこない場合が多いのです。

POINT

「聴き方」を磨く前に、まずは相手に本気で興味関心を持ち、なぜ自分に話してくれているのか、その理由も理解することが重要です。

これらの要素が揃った上で、傾聴やアクティブリスニングのテクニカルな部分を無意識レベルに取り入れることができます。これにより、より深く自然なコミュニケーションを築くための基盤となるのです。

1ON1の、その先

話し手と聴き手の双方が、話すことの目的やニーズを共有し合うことが重要です。

話し手が何を目的として話しているのか、そして聴き手が何を目的として話を聴いているのかによって、「聴いたその先」が大きく変わります。

たとえば、話し手がアドバイスを求めている場合、聴き手は適切な解決策や助言を提供する必要があります。一方、話し手が単に感情を吐き出したい場合、聴き手は共感や支援を示すことが求められます。

昨今、企業の中で1ON1などのセッションを行う企業も少なくありません。このようなセッションでは、話し手の目的を見逃さず把握することが非常に重要です。

特に社内の人間同士でのセッションでは、聴いた内容を正しく理解し、適切なアクションを起こすことが肝要です。

そして、もしアクションに時間を要する内容のものであれば、聴き手はその旨を話し手に伝える必要があります。これにより、話し手は自分の話を理解してくれているという安心感や、話したことで実際に行動に移してくれているという信頼感が生まれます。そして、自分の話に対する期待や見込みを調整し、適切な行動を取ることができるのです。

逆に、聴き手が話し手の望んでいる行動をとらなかったとしたら、話し手はこう思うでしょう。

「せっかく話したのに、何も行動してくれない、それなら話すだけ時間の無駄だった」と。

今まで信頼を向けていた相手であっても、それがきっかけで信頼度を下げてしまうことになることでしょう。まさに1ON1をしたことが逆効果となるのです

社内の人間同士でのセッションでは、日頃からの信頼関係の構築が特に重要です。上司が部下の話を聴く場合や、同僚がカウンセラーとして話を聴く場合、信頼関係があれば、話し手はより率直に自分の本音を打ち明けやすくなります。同時に、聴き手も適切なサポートやアドバイスを提供しやすくなります。

このような信頼関係が築かれると、チーム全体の効果的なコミュニケーションと協力が促進され、組織全体の成果に寄与します。

ただ、社内という環境において、本音を打ち明けづらい状況になる場合が

あるのも事実です。

要するに、**コミュニケーションにおいて重要な要素は、日頃から双方の目的やニーズを理解し適切なアクションを起こしながら信頼関係を築くことです。これにより、個人やチームの成長及び生産性の向上に繋がるのです。**

POINT

相手の話を途中で遮るのをやめる方法

相手が話をしている最中に、自分の意見を放り込むことをやめたい、そう思っていても我慢できずに言葉が飛び出してしまう、そのような課題を抱えている方、少なくないのではないでしょうか。

自己認識がある段階なら、まだ解決の余地があります。なぜなら、話を遮った方より話を遮られた方が、ネガティブな感情が大きく残ることがあるからです。そして、その感情を抱いたとしても相手に伝えることはほとんどありません。

そのため、話を遮ってしまった方は、自分の行動が相手に与えたネガティブな影響に気づきにくいのがほとんどなのです。

『聴く力』を向上させるためには、さまざまな要素があります。その中の一つの要素として相手の話を最後まで黙って集中して聴くということがあります。

相手の話を最後まで黙って聴くことは、容易にできるようで実際には難しいことです。

理解しているけれどできない、これは知っているとやっているとでは大きく違うということです。

最後まで黙って集中して聴けない状態として二つのことが主に挙げられます。

一つ目の要素は、自分優位な視点で話を聞いている状態です。例えば、相手の話を聴いているように見せかけて、実際は次のような考えが頭の中を駆け巡っています。

「私なら、もっと上手くいく方法をやるのに。よし、私の知識と経験を教えてあげよう。」

「こういうタイプの人はよく見かける。こういう考えの人にはこういうアドバイスをすれば良いだろう。」


二つ目の要素は、会話泥棒をしてしまう状態です。自分の話したいことばかりが頭を占領して話を聴くどころか、自分の話題に持ち込んでしまいます。例えば、次のように相手が話している途中に、話に共感しているように見せかけて、自分の話にすり替えてしまいます。


「わかる！わかる！私もそうだった！私の時はね…」

「へーそうなんだ！…そういえばこの間こんなことがあってね…」

心当たりがある方、いらっしゃるのではないでしょうか？

『聴く力』を養おうと学んでいる人でも、それをやってはいけないと理解しつつも、ついつい自分優位の考えを発して会話を支配してしまったり、会話泥棒をしてしまったり、そういった方が多いのではないでしょうか。

しかしながらこのような状態では、あなたに話しをしてくれる人は段々と減ってしまう恐れがあります。

今や、禅聴者として名乗っている私ですが、以前は会話泥棒はせずとも話を聴いている最中に、先ほどあげたように自分優位に考え、言葉を発してしまうこともありました。

どのようにしたら最後まで黙って集中して、聴き続けることができるのだろうか。

そう、何度も何度も自分の意識と向き合ってきました。

そこで見出したのがこの方法でした。

「自分は何様だ」と思うことです。

勘違いしないで下さいね。

自分を卑屈に考えるということではありません。

まず、そもそも何故相手の話を聴いている最中に、あれやこれやと別のことに思考が移ってしまうのかということです。

実はこれは仕方のないことなのです。

なぜなら、思考は話をしている言葉よりも速いからです。

もう少し説明をしますと、人は1分間に120~150のワードを話します。

そして、その話を８６０億もの脳細胞のうち、ほんのわずかな脳細胞だけで聞いているのです。

残りの脳細胞の余白の部分が多くあるので、その余白で別のことを考えてしまうのです。

それゆえ聴き方の練習として、別の事に意識が移ってしまったら、意図的に元に戻すことをしましょうと言われるのです。

これを戻すことが出来ないと、湧いてきた言葉や感情を我慢できず発してしまうのです。

そこで、この戻すやり方の一つとして、私自身一番効果があったのが「自分は何様だ」と思うことだったのです。

最後までいかに集中して聴けるようになるかの練習材料の一つとして考えた結果です。

この「自分は何様だ」は、自分は人様の考え方や行動に、とやかく意見を言える程、超越した人間なのか？という考え方です。

それをその時、その一瞬そう思うのです。

すると、喉まで出そうになっていた言葉がひゅるひゅると沈んでいくのです。

これを繰り返すことによって、だんだんと「自分は何様だ」と思わなくても、最後まで黙って集中して聴けるようになってきたのです。

あくまでも、自分を蔑んだりするのではないということをご理解ください。

相手が話を聴いて欲しい時、大抵の場合、壁打ちを求めています。ですから、相手の言葉や行動は情報として受けとめることです。

しかし、逆に声を上げる必要がある場合があります。次のような内容が含まれている場合は積極的に声を上げてください。

POINT

誰かの欠点や過失を責め立てる「非難」。
誰かをはずかしめたり馬鹿にしたりする「侮辱」。
誰かを見下した笑いをしたりせせら笑う「嘲笑」。
誰かを蔑んだり嫌悪する「軽蔑」。

誰かというのは他者のことだけではなく自分自身のことも含まれます。

このようなワードが話の中に現れた場合、それをそのまま見過ごすのではなく、必ず声を上げましょう。

なぜなら、これらの言動は他者や自己の尊厳を傷付ける可能性が大いにあります。また、人間関係を育む上で大きな問題となります。ゆえに、このような言動が表れた場合には積極的に声を上げ、問題を解決するための対話を行うことが重要です。

人の話を「聴く」とは、単に耳に届く言葉を受け取るだけではなく、その言葉に含まれる様々な情報を捉えるために努力することです。

私たちの耳や目、感覚から、言葉以外の情報も受け取ります。例えば、相手の表情や声のトーン身体の動きなどもその一例です。

聴くことに全神経を使うためその集中力を保つためには、かなりの体力や気力を消耗します。

ですが、その努力によって深い理解や共感が生まれ、良好なコミュニケーションが築かれていくのです。

第5章　コミュニケーションの視点

視野を広げる

人と関わる＝人の価値観を知る

人の価値観は、生きてきた環境や見て感じてきたもの、そしてその経験などによって自然に形成されるものです。

私たちは、生活環境、学ぶ内容、関わる人々、職業、旅をする場所など、多くの人はそれらを自分の意思で選択した領域の中に存在しています。

これらから得た価値観は、長い時間を経て培われていくものですが、大きい小さいにかかわらず、限られた領域の中でそれぞれを得ています。

そして、その価値観に則って自分が興味のある現実を選んでみようとします。

一方、他人はあなたとは、全く異なる環境に身を置き、異なる経験をして、異なるものを見たり感じたりしています。

生きてきた環境も、見てきた景色も、感じ方も人それぞれ違います。

当然のことながら、この世にある全てを経験したり、見たり感じたりすることはできません。

したがって、自分の価値観に偏ったモノゴトの見方で意地を通したり、意見を押し付けたりするのは、非常に狭い領域の中での思い込みに過ぎないのです

言うまでもなく自分の価値観は大切です。

ただ、他人の価値観と違うからといって相手を認めない、自分の価値観を押し付け理解させようとすることは自らの視野を狭めています。

私自身、思い込みやバイアスを極力減らすために、SNSのプリズム効果のような自分の興味関心があるものに情報が偏ってしまわないように、次のことを心掛けています。

・違う観点で物事を見ている人の言葉に耳を傾けてみる。
・やったことのないことをやってみる。
・行ったことのない場所に行ってみる。
・今まで接したことのない文化に接してみる。
・そこで暮らす人々の話を聴いてみる。
・なるべく新たなモノ・コト・ヒトに出会うようにする。

別に遠くに足を運ばなくてもいいのです。

日常生活の中で、今まで深く接したことのない人と時間を作って話すのも、新たな価値観を知るきっかけになります。

そして、そこで大切なことは捉え方です。

もし、相手の意見や価値観を正面から受け入れるのが難しいと感じるのであれば、すぐに拒否反応を起こすのではなく、視点を変えてみることが有効です。

例えば、相手の話を裏側から捉えてみたり、斜めから考えてみたり、そうすることでどこかの角度で新たな発見があるかも知れません。必ずしも見えている部分だけで判断する必要はないのです。

POINT

モノ・コト・ヒトには、一面だけでなく多角的な面が存在します。このような多角的な視点で捉えることができれば、コミュニケーションもより円滑に進むほか、新たな気づきからアイデアが生まれるかもしれません。

捉え方

心の在り方によって、自分自身をはじめ、他者や物事に対する捉え方が変わってきます。

人はそれぞれ独立した存在であり、育ってきた環境も経験してきたことも異なります。

したがって、ひとつの事柄に対する考え方や感じ方、そして表現の仕方もそれぞれ違って当前なのです。

自分にとって当たり前だと思っていることが、相手にとっては必ずしも当たり前ではないことも多々あります。

例えばビジネスの場において、会議中に部下が予想外の発言をしたり、自分の価値観とずれた行動をすると、相手の行動や言動に理解ができず、ついイライラしてしまうことがあることでしょう。私生活においては、例えばパートナーが自分とは違う洗濯物の干し方をしていると、イライラして声をあげたり態度にでてしまうこともあることでしょう。

「なぜそうなの?」と理解ができないために、感情が揺さぶられることがよくあります。

そんな時こそ、一旦立ち止まり考えてみてください。

その「なぜ」は、どの視点から来るものなのでしょうか。自分の経験からなのでしょうか。親からの教えなのでしょうか。もしかしたら誰かの意見に合わせているのでしょうか。

全ては自分の生きてきた環境や経験の範囲内で形成された価値観から物事を判断します。

相手には相手の考えや事情があり、その背景にはそれぞれの経験や価値観が影響しているのかもしれません。あなたが理解できない言動の裏には、多くの場合理由があるものです。

言うまでもなく、自分の経験などこの広い世の中に比べたら、非常に限られた小さな範囲に過ぎません。

だからこそ、自分が理解し難いと感じる相手の言動や価値観は、しばしば自分の知らない領域にあるのです。

POINT

まずは、相手の言葉や行動が自分の経験の枠外にあることを認識し、その上で捉えてみるのはいかがでしょうか。

物事を自分の価値観で捉えたときに、「なぜ」と感じることがあったら、相手の価値観を探ってその価値観に合わせて考えてみてはいかがでしょうか。

自分の価値観に固執せず、相手の立場や背景に立って、その中で改めて「なぜ」を見つめ直してみるのです。

きっと、その時にはイライラや怒りといった感情は薄れ、代わりに相手をもっと理解しようとする気持ちが生まれてくるでしょう。

そして、相手の考えを受け入れるための心の隙間が広がり、より建設的で共感に満ちたコミュニケーションが可能になるはずです。

こうしたアプローチは、表面的な対話だけでは得られない、深い信頼関係や共感を育む基礎となります。

コミュニケーションの本質

昨今、法人のお客様からのご相談の中で、社内コミュニケーションに関する課題が非常に多い傾向にあります。

企業の方向性や理念の伝達不足、トラブル等の事後報告、上司と部下の信頼関係の欠如、他部署との連携不足など、さまざまな問題が浮上しています。そして、多くの企業様で課題の内容が似ているのです。

これらの課題は、現代の社会情勢においてますます重要性を増しており、コミュニケーションの質と効果が、社内の活性化に直結することが明らかです。

コミュニケーションとは、送り手として情報を発信するだけでは効果的なコミュニケーションは成立ちません。

POINT

重要なのは、情報を受け取る側、つまり受け手がどのように情報を受け取り理解するかなのです。

多くの場面で、コミュニケーションにおいて勝手な前提や判断がなされていることがよくあります。

情報を伝えれば、相手はそれを理解しているだろうという考え方が多くありますが、実際はそうとは限りません。

受け手の立場や状況によって、受け取り方や理解度は異なるため、送り手と受け手の間で認識のズレが生じることがあります。

同じ情報を伝えたとしても、受け取る側の個々の経験や背景、感情、価値観によってそれぞれ異なる受け取り方がされます。

例えば、新しい業務手順を導入した際、ある社員はそれに深く理解を示し、スムーズに対応しているかもしれません。しかし、別の社員は、その手順に疑問を抱き、適切な理由や利点を見出せずにいるかもしれません。

このように、受け手の多様性を考慮せずコミュニケーションを行うと、誤解や不満が生じる可能性が高くなります。

このような理由により、コミュニケーションを行う際には、受け手の多様性を理解し、考慮することが重要となります。

情報を発信する際には、受け手が情報をどのように受け取り、理解しているのかを十分に把握しながら、状況に合わせそれぞれが適切な情報を得られ理解できるように配慮する必要があります。

そうすることで、誤解や不満を防ぐことができることでしょう。

また、受け手が情報を受け取る際には、自らのフィルターを外し、他者の視点や意図を一旦は受け入れることが重要です。

近くにいる人ほどコミュニケーションエラー

本題に入る前に、コミュニケーションの意味を改めて考えてみました。

広辞苑では、「社会生活を営む人々の間で行う知覚・感情・思考の伝達」と記してあります。

人間の五感（視覚・聴覚・味覚・嗅覚・触覚）という目に見え触れて感じるものと、目に見えないが心が感じるものと、頭を働かせて考えることの伝達ということです。

少し難しく面倒な言葉になりましたが、簡単に言うと心身共に全力で伝え合うということだと思います。

それゆえ、コミュニケーションの真髄の「聴く」ということは、全心身を使って行うことなのです。

では、本題に入ります。

近くにいる人ほどコミュニケーションエラーになる、これはどういったことかと言いますと、「自分を理解してくれているという過信」が生まれやすいということです。

家族・友人・同僚など、普段当たり前のようにコミュニケーションを取っている、そのような無意識化の状態の時にコミュニケーションエラーが発生している可能性があるのです。

これを世の中では「近接コミュニケーション」と呼んでいます。

親しい間柄だからこそ、全てを言わなくても意思疎通ができるというのは素晴らしいことです。

ただ、そこに「過信」というものが入ってくると逆効果になる恐れがあるのです。

全てを伝えなくても、相手が自分の意図を理解してくれていると、一方的に信じ込み、自分の望むような言葉や行動が相手から返ってくると信じ込んでいるのです。

しかし、この信じ込みが時に現実とは異なる場合があります。実際には、相手が自分の意図を理解していなかったり、望むような言葉や行動が返ってこなかった場合次のように感じるのです。

「えっ!?　そんなふうに言われるなんてショックだ」「わかってくれていると思っていたのに」「そんなつもりじゃなかった」

このようになるとどうでしょう、相手が自分のことを理解してくれていないと感じ、人間の心理として相手への信頼が揺らぎ、不信感が湧いてくることがあります。

特に、相手との距離感が近く、信頼度が高ければ高いほど不信感はすぐさま大きく心に影響を与え、自ずと相手と距離を置こうとする傾向が生じます。

このような状況になる可能性として、この「過信」が身近な人ほどコミュニケーションエラーに陥りやすい恐れがあるということです。

では、このエラーをできるだけ避けるにはどのようにすればよいのでしょう。

それはたった二つを意識することです。

「たった二つ」ですが、これを習慣化するまでには非常に時間を要します。

その二つとは、「諸行無常」と「聴く力」です。

諸行無常とは、世の中に存在するすべてのものや出来事は、常に変化し同じ状態でとどまっているものは無いということです。

近接コミュニケーションに関連して考えてみると、相手の感情や状況は常に変化しているということです。

今までこうだったから今もそうでしょと思うのは、自分勝手な解釈に過ぎないのです。

身近な関係であれば、相手の変化を感じ取ることができるかもしれません。ただし、その感覚は自己の主観に依存するものであるということを理解することです。

POINT

自分の感覚や判断があくまでも個人の見解であることを認識していること

で、相手から期待していた言葉や反応が得られなかった場合でも、イライラや怒りに直結することなく冷静に対処することができるのです。

普段は無意識に行っているコミュニケーションでも、相手に意識を向け、十分に話を聴くことで、些細な変化に気づくことができます。

例えば、相手の話し方のニュアンスや表情、態度の微妙な変化を感じ取るだけではなく、時にはその変化に適した質問を投げかけるのです。

その中に相手の状況や価値観などの変化を知るヒントが必ずあるのです。

つまり、些細な変化にも注意を払い、相手がどのような状況にあるかを把握することで、よりよいコミュニケーションや人間関係の構築が可能となります。

相手の立場とは

よく「相手の立場になって」「お客様の立場に立って」といわれることがありますが、これには二通りあると思います。

一つ目は「気持ち」の部分です。

二つ目は「価値観」の部分です。

どちらの部分に重きを置くのでしょうか。

答えは、どちらとも重要です。

ご自身のことを振り返っても分かるように、気持ちは変動します。

例えば、朝の時点で今日のランチは体力をつけるために焼肉定食にしようと決めていたとします。いざランチの時間になると、暑さで体力が落ちさっぱりした蕎麦を食べた。このような経験は幾度とあると思います。

同じモノゴトでも、その時の感情や外的環境などで常に変化するのです。したがって、相手が数年前、数カ月前、数日前と同じ気持ちであるとは限りません。たとえ同じ気持ちだったとしても、重要度や影響する度合いは異なるかもしれません。

その時その瞬間の相手の気持ちに、柔軟に寄り添うことが大切です。

一方、価値観はその人が生きてきた環境や経験、捉え方などで培ってきた不変の価値観と今現在の環境下において価値を感じているものとして、可変の価値観があります。

相手が大切にしている価値観は何なのか、どのような価値観のもと人生を送られているのか、これらを少しでも知ろうとするには、都度相手の心の声に耳を預けることです。

POINT

「気持ち」と「価値観」両方に寄り添い、対話し続けることで深い信頼関係に繋がります。

相手の気持ちや価値観に寄り添うというワードが出たので、寄り添い方のひとつとして「空間認識」についてお話します。

ここでお話する空間というのは、目で見えている範囲以外も意識しましょうということです。

相手の話の表面だけを見聞きしていると、話の真が見えない場合があります。

言葉だけでなく、相手の表情や仕草、更には雰囲気までを多角的に注意を払い、見て感じることが必要です。

このような見方、聴き方、感じ方をしていると、相手のちょっとした変化にも敏感に気づくことができます。そうすると、相手の今現在の気持ちや価値観が非常に捉えやすくなってくるのです。

自分に対して言えば、見えている範囲のことだけに意識を向けていると、知らないうちに誰かに迷惑をかけてしまうかもしれません。また、周りに困っている人がいても、その助けを求めているサインに気づかず、見過ごしてしまう可能性があります。

自分の見えている範囲以外でも、自分に関わることが起きていることもあります。

目の前のことだけではなく、自分の後ろや斜め後ろ、また目の前のその先まで意識を向けてみて下さい。

無意識に発している自分の言動が、誰かの心や何かに影響しているかも知れません。

ただ、ここでひとつ理解しておかなければならないことは、あくまでも人の真の心は本人しか知り得ないということです。

信頼関係の構築に必要な5A

実は、幼少期の経験は私たちが大人になってからの人間関係において、大きな影響を与えていることがあります。

幼い頃に経験した出来事や感情は、大人になってからの行動や選択に影響を与え、人との関り方にも影響をもたらします。

例えば、幼少期に愛情や支援を十分に受け取れなかった場合、大人になってからその不足を補おうとする傾向があります。

また、幼少期の頃、虐待やネグレクトなど、外的要因によって心理的に傷ついたために、他人への不信感や警戒心を抱いているため、人間関係の構築に多くの時間が必要な人もいます。さらには、過去のトラウマの影響で人に対して攻撃的な態度を取る場合もあります。

一見、人間関係が上手くいっているように見えても、本来の親密さや信頼関係を受け入れることが難しいといったケースもあるのです。

問題なのは、そういった過去が自分の価値観と合う相手や成長できる相手と共に生きていくというチャンスをどれだけ邪魔しているかということです、

人間関係を築く上で核心的な要素となる5つのAがあります。**5つのAとは「注意・愛情・感謝・受容・許可」です。これらの要素が次のように相互に行き来することで、より深い信頼や絆が生まれるのです。**

5つのA

(注意) Attention ……注目されたい ⇅ 注目する
(愛情) Affection ……愛情を注いで欲しい ⇅ 愛情を注ぐ
(感謝) Appreciation ……感謝されたい ⇅ 感謝する
(受容) Acceptance ……受け入れて欲しい ⇅ 受け入れる
(許可) Approval ……許してほしい ⇅ 許す

私たちの多くは、子供のころに欠けていたものに対し、憧れや欲求を抱い

ています。その欲求は、私たちが大人になるために必要な欲求の手掛かりとなるのです。

大人になると、私たちは適切なパートナーを探します。そして、年齢を重ねるにつれ選ぶパートナーに求めるものも変化していき、自分らしくいられるパートナーを求めるようになります。さらに成熟すると相手に完璧さを求めるのではなく、現実を受け入れるようになるのです。

5つのA（注意・愛情・感謝・受容・許可）は、最初は両親によって自分自身のニーズが満たされ、大人になるとパートナーによって満たされるようになります。

良いパートナーシップは、お互いの欲求や価値観、感情を理解し合うことで、安心感や幸福感を得ることができ絆が深まるのです。

おわりに

最後までお読みいただき、誠にありがとうございました。心より感謝申しあげます。

本書を通じて、貴方と繋がることができたことを大変嬉しく感じております。

本書では、聴く力、人間関係、コミュニケーションといった内容を多く取り上げておりますが、実は、私自身二十歳頃まで人とコミュニケーションを取ることが非常に苦手でした。初対面の人と話すのも緊張して言葉が出てこず苦痛に感じていました。誰とでも話すことができる人や、人前でも平常心で話すことができる人をとても羨ましく感じていたものです。私もそうなりたい、性格を変えて誰とでもコミュニケーションを取れるようになりたいと、ずっと思い続けていました。

そんな中、ふと気づいたことがありました。それは、自分から積極的に話しかけることは少ないのにも関わらず、多くの人が私に話しかけてくれることでした。そして、その時に「なぜ、この人はこの話を私にするのだろう」と、感じながら聴いていたことです。

この頃は「聴き方」という概念を意識していませんでしたが、話をしてくれる人の話をしっかり聴こうという気持ちは持っていました。

しっかり聴いているうちに、話の中には表面にでてこない真意や、曖昧さ、偽りなど、さまざまな感情が絡まっていることを知りました。

こうして、元々コミュニケーションを取ることが苦手だったからこそ、人と関わることに対して敏感になり、さまざまな視点観点で意識するようになったのだと感じております。そして、「聴く」ことが人間関係において重要な役割を果たすことを理解しました。

「聴く」ということに意識して、知識や経験を重ねてきたことが自信に繋がったこともあり、後に、老若男女、初対面の人でも気負いすることなく、楽しくコミュニケーションを取ることができるようになりました。今では、大勢の人前で話すことも楽しく感じています。

「聴く」ということは、無意識に行っていることですが、意識してみると非常に深く、体力を使うことだと感じています。

本書を通じて、「聴く力」の重要性やその効力をお伝えしてきました。一つ、強調しておきたいのは、必ずしも「こうすべき」「しなければならない」という一律の方法があるわけではないということです。なぜなら、人は皆それぞれ違い、個々に合ったやり方が存在するからです。

貴方自身や貴方のチームメンバー、さらにはお客様一人ひとりの個性や特性を尊重しながら、最適な聴き方を見つけてください。

いつか、貴方のお話を聴ける日がくることを楽しみにしております。

最後になりますが、本書を世に出してくださった愛育出版様に、心より感謝申しあげます。

本当にありがとうございました。

令和六年九月吉日

禅聴者株式会社
代表取締役　冨ケ原　祐子

冨ヶ原　祐子　Yuko TOMIGAHARA

東京都出身。禅聴者株式会社代表取締役。日本で唯一の禅聴者®として活動。25年以上にわたり、様々なコミュニケーションツールにて若年層から高齢者まで約4000人以上の多種多様な方に対し、独自の聴き方にてコミュニケーションを深めることに精通。人の機微に敏感なことから、徹底的に話を聴くことで「真の部分」を感じ取る。法人及び個人のお客様に対し「聴く」ことから始める課題解決に向けたサポートを日本全国にて行う。

・東京商工会議所主催セミナー講師として登壇。
・オンラインセミナーやトークセッションを開催。
・著作：エッセイ本『話したい時に 話せる相手はいますか？』

リーダーの耳

2025年1月15日　初版第1刷発行

著者　　冨ヶ原祐子

デザイン　村上史恵
制作協力　株式会社アスワン・エンタテインメント

発行人　伊東英夫
発行所　愛育出版
〒116-0014 東京都荒川区東日暮里5-6-7 サニーハイツ
電話 03-5604-9431　FAX 03-5604-9430
印刷所　ジョイントワークス

ISBN 978-4-911091-11-1　C0034